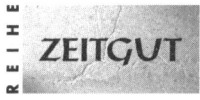

Unvergessene Weihnachten
Band 5

36 Zeitzeugen-Erinnerungen
1918–1992

AF288231

Unvergessene Weihnachten
Band 5

36 Zeitzeugen-Erinnerungen 1918–1992

Herausgegeben von Jürgen Kleindienst

Zeitgut Verlag

Umschlagbild vorn: Mädchen vor Christbaum. Foto: bab.ch.

Die im Buch veröffentlichten Abbildungen und Dokumente stammen, soweit nicht anders vermerkt, aus dem Privatbesitz der Verfasserinnen und Verfasser sowie aus folgenden Quellen: Uwe Bätz, Lauschaer Glas, Lauscha, S. 23; Bundesarchiv, Bild PO54491, S. 89, Bild 2459-48, Fotograf: Herbert Blunck, S. 141; Bild 1026-47, S. 152; Förderverein Pfarr- und Heimatmuseum Dedeleben e.V., S. 123; Wolfgang Nolte, Göttingen, S. 173.

Bibliografische Information Der Deutschen Bibliothek
Die Deutsche Bibliothek verzeichnet diese Publikation in der Deutschen Nationalbibliografie; detaillierte bibliografische Daten sind im Internet über http://dnb.ddb.de abrufbar.

© 2009 by Zeitgut Verlag GmbH, Berlin
Zeitgut Verlag GmbH
Klausenpaß 14, 12107 Berlin
Telefon 030 - 70 20 93 0, Telefax 030 - 70 20 93 22
E-Mail: info@zeitgut.com
www.zeitgut.com
Herausgeber: Jürgen Kleindienst
Gesamtredaktion, Textauswahl und Zusammenstellung: Ingrid Hantke
Lektorat: Barbara Jacob, Ingrid Hantke, Helga Miesch
Umschlaggestaltung: Daniel Kreisel, Berlin
Druck: GGP Media GmbH, Pößneck
Printed in Germany
ISBN 978-3-86614-146-9

Inhalt

Winterzauber im Harz: Die kleinste Holzkirche Deutschlands in Elend mißt nur 5 x 11 Meter und hat 80 Sitzplätze. Sie wurde im Jahre 1897 eingeweiht.

Alle Jahre wieder ...

„Weihnachtsglanz" ist eines der schönen Wörter, die nur einmal im Jahr benutzt werden können. Wenn der Glanz des Weihnachtsbaumes sich in Kinderaugen widerspiegelt, dann ist es den Eltern gelungen, ihren Kindern frohe Momente zu schenken. Eine Art Frohsinn, der weit in das spätere Leben hinein wirkt und alle Jahre wieder in uns von Neuem erwacht.

Vieles hat sich im Verlauf des 20. Jahrhunderts dramatisch verändert. Manches ist scheinbar bewahrt, aber längst nicht mehr mit dem Glauben erfüllt, den frühere Generationen als Richtschnur betrachteten. Doch um Weihnachten herum spüren fast alle Menschen, daß ihnen etwas fehlen könnte, wenn sie Weihnachten für sich gänzlich ausfallen ließen. Da zeigt sich, Weihnachten ist tief verwurzelt in unserem Dasein. Es gehört natürlich in erster Linie den Christen, aber längst feiern auch Nichtchristen bei uns und in aller Welt die „deutsche Weihnacht" mit dem Weihnachtsbaum.

„Unvergessene Weihnachten" sammelt weiter Jahr für Jahr Erinnerungen an unser größtes Fest. So bleiben Traditionen bewahrt, die unser Leben schöner und wertvoller machen können. Sollten Sie selbst eine erzählenswerte Weihnachtsgeschichte erlebt haben, scheuen Sie nicht, sie uns zu schicken. Vielleicht erscheint sie ja dann in „Unvergessene Weihnachten. Band 6".

Ingrid Hantke & Jürgen Kleindienst
Berlin, im Oktober 2009

Herein

Das Glöcklein erklingt: Ihr Kinder, herein!
Kommt alle, die Türe ist offen!
Da steh'n sie, geblendet vom goldigen Schein,
von Staunen und Freude betroffen.

Wie schimmert und flimmert von Lichtern der Baum!
Die Gaben zu greifen, sie wagen's noch kaum,
sie steh'n wie verzaubert in seligem Traum.
So nehmt nur mit fröhlichen Händen,
ihr Kleinen, die köstlichen Spenden!

Und mächtig ertönen die Glocken im Chor,
zum Haufe des Herrn uns zu rufen:
Das Fest ist bereitet und offen das Tor,
heran zu den heiligen Stufen!

Und steht ihr geblendet vom himmlischen Licht,
und faßt ihr das Wunder, das göttliche, nicht:
Ergreift, was die ewige Liebe verspricht,
und laßt euch den seligen Glauben,
ihr Kinder des Höchsten, nicht rauben!

Und hat er die Kinder nun glücklich gemacht,
die großen so gut wie die kleinen,
dann wandert der Engel hinaus in die Nacht,
um anderen zum Gruß zu erscheinen.

Am Himmel, da funkeln die Sterne so klar,
auf Erden, da jubelt die fröhliche Schar.
So tönen die Glocken von Jahr zu Jahr,
so klingt es und hallt es auch heute,
o seliges Weihnachtsgeläute!

Karl Gerok (1815–1890)

[Berlin-Friedrichsfelde – Pommern;
50er Jahre / Ende 19. Jahrhundert]

Karin Dersch

Das Weihnachtswunder

Endlich wurden die Nächte wieder länger, und ich kroch zu
meiner Oma in ihr weiches, warmes Bett und rieb meine
kalten Füße an ihren Beinen. Der Ofen war schon lange
ausgegangen und nachgelegt wurde erst am kommenden
Morgen. Es war still, man konnte fast das Fallen der Blät-
ter hören, die der Herbststurm von der großen Ulme fegte.
So spät fuhren kaum noch Autos. An einem dieser Abende
im Jahre 1950, als meine Geschwister schon schliefen, erzählte mir Oma sehr leise, um die anderen nicht zu wek-
ken, aus ihrer Kindheit.

Sie waren elf Kinder, drei waren tot geboren worden. Oma
berichtete von ihrem Vater, meinem Urgroßvater, dem Tage-
löhner auf einem Pommerschen Gut, von der Hütte, in der
sie wohnten, jener Hütte neben den Stallungen der Herr-
schaften. Mehrere Kinder schliefen in einem Bett. Sie hatten keine Schuhe, nur Holzklotzen und keine Strümpfe, sondern Lappen an den Füßen. Wurde der Winter kalt, bedeutete das auch kränkelnde Kinder, und bei der kargen Kost ging
es dabei oft um Leben und Tod. Ein Arzt wohnte weit weg,
und sie konnten sich diesen auch gar nicht leisten.

„Es muß in einem der letzten Jahre des 19. Jahrhunderts
gewesen sein, in dem Jahr, als Emma, die schmächtige, in
der Hüfte lahmende Schwester, an Scharlach erkrankte. Wir
konnten uns damals nicht mal ein Stück Fleisch kaufen, so

arm waren wir", erzählte Oma. „Emma wäre nach einer kräftigen Brühe sicherlich wieder auf die Beine gekommen. Zwei der kleineren Schwestern hatten auch schon hohes Fieber und die Mutter braute jeden Tag eine bittere Medizin aus getrockneten Kräutern, die sie im Sommer gesammelt hatte. Sie machte den Kleinen Wickel aus Talg, denn sie konnte nicht lesen und nicht schreiben, verstand aber viel vom Heilen", fuhr Oma fort. „Wie andere Menschen die Kunst des Malens oder des Schreibens beherrschen, so beherrschte sie die Kunst des Heilens, und wer Menschen heilt, heilt auch Tiere."

„Warum hat sie denn in der Schule nicht Lesen und Schreiben gelernt?", wollte ich wissen.

„Meine Mutter, deine Urgroßmutter, war ein großes kräftiges Mädchen und deshalb schien sie der Lehrersfrau sehr geeignet, den Haushalt zu führen, so blieb keine Zeit für den Unterricht." Oma machte eine Pause. Der Wind trieb Regen an die Scheiben.

„Erzähle weiter!", bat ich und kuschelte noch näher an sie heran.

„Weihnachten stand wieder vor der Tür und der Schnee lag in diesem Jahr besonders hoch", fuhr Oma fort. „Die Bescherung fand damals nicht am Heiligabend, sondern erst am ersten Feiertagmorgen statt. Wünsche hatte ich genau wie du, Krinele. Ich hätte gerne eine Puppe mit einem Kopf aus Porzellan und nicht aus Stoff gehabt. Aber wir waren mit wenig zufrieden, mit ein paar Nüssen oder Äpfeln oder einem aus einer Wurzel geschnitzten Tierchen. An diesem Abend vor Weihnachten lagen wir Kinder aneinandergekauert in den Betten, und es plagte uns ganz fürchterlich der leere Magen, denn unsere Eltern hatten große Mühe, all die hungrigen Mäuler zu stopfen. Ja, es wäre auch diesmal wieder ein trauriges Weihnachtsfest geworden, wäre in dieser Nacht nicht ein Wunder geschehen."

„Was für ein Wunder, Oma?", fragte ich erstaunt.

„Du wirst es gleich erfahren, Krine."

Omas Stimme wurde ganz feierlich, als sie sagte: „Für mich als Kind war es damals ein Wunder, ein Weihnachtswunder. Wie gesagt, wir lagen in den Betten, als es zweimal an der Tür klopfte, zuerst etwas leiser, dann kräftiger. Der Kutscher des Barons stand davor und erzählte etwas von dem jungen Herrn und von einem fürchterlich aussehenden Arm, von schrecklichen Schmerzen, und daß die Mutter sofort kommen solle. Mutter warf sich ihr Tuch über den Kopf und die Schultern und verschwand mit dem Mann in der Dunkelheit. Wir schliefen bald wieder ein.

Als wir am nächsten Morgen, am Weihnachtsmorgen, erwachten, roch es eigenartig fremd in der Stube, nein, es war kein Geruch, sondern ein angenehm lieblicher Duft. Wir glaubten unseren Augen nicht zu trauen, als wir aus den Betten krabbelten: Der Tisch war über Nacht zum Gabentisch geworden, er war gedeckt mit einem Kuchen, Äpfeln, Nüssen und Pfefferkuchen!

Ein Schaukelpferd mit einer Mähne aus echtem Pferdehaar stand dahinter. Von der Herdstelle stieg uns ein köstliches Aroma nach etwas Gebratenem in die Nase. Ja, es war für mich wie ein Wunder, ich konnte das alles nicht begreifen", sagte Oma.

„Woher kam das alles?", fragte ich.

„Stell dir vor", erzählte sie weiter, „der junge Baron hatte sich bei einem Sturz vom Schlitten den Arm gebrochen. Wegen des hohen Schnees war der Arzt aus der Stadt nicht durchgekommen. Im Gutshaus hatte man sich an die Heilkunst der Mutter erinnert, und nachdem unsere Mutter den Arm gut geschient und behandelt hatte, wurde sie dafür belohnt. Seit diesem Weihnachtsfest ist es uns besser gegangen. Mutter wurde immer wieder auf die Güter in der Umgebung geholt. Ihrer Heilkunst wegen war sie von nun an sehr geachtet. Sie hat falsch zusammengewachsene Arme wieder gebrochen, eingerichtet und geschient. Mutter hat Kinder, die mit dem Kopf nach oben im Bauch der Mutter

Meine Urgroßmutter Florentine Molkentin, „die Heilerin", mit ihrem Ehemann Karl etwa 1920. Sie ist 1851 in Funkermühle, Kreis Konitz, Westpreußen, geboren und starb 1934 in Berlin.

lagen, gedreht und richtigherum auf die Welt geholt. Sie hat mit Kräutern und Tinkturen Menschen und das Vieh geheilt."

Während wir flüsterten, hustete mein Bruder Michael immer wieder im Schlaf. „Meine Schwester Emma wurde im neuen Jahr auch wieder gesund."

„Oma, eine Sache verstehe ich nicht, wie lernt man Heilen?"

„Das kann man nur bedingt lernen", antwortete sie. „Eine weise Heilerin vererbt die Gabe an die Tochter und die wieder an die Tochter, immer so weiter. Erinnere mich bitte, Kind, ich werde Michael morgen einen Butterwickel auf die Brust machen, er hustet so stark."

„Das war eine schöne Geschichte. Gute Nacht, Oma, schlaf gut."

Ich stieg wieder in mein klammes Bett. Bevor ich einschlief, strich ich nochmal meiner Zelluloidpuppe liebevoll mit den Fingern über ihren mit einer Nähnadel zerstochenen Po. Er war voller Löcher von den vielen Spritzen, die ich ihr im Laufe der Zeit gegeben hatte.

Meine Oma „Leinchen", Anna Huhn, geb. Molkenthin, rechts im Bild, hat mir diese Geschichte von Ihrer Mutter erzählt. Das Foto stammt aus dem Jahr 1958.

*(Weitere **ZEITGUT**-Beiträge der Autorin sind am Buchende vermerkt.)*

[Rußland – Allenstein, Ostpreußen – Leipzig;
Dezember 1918]

Rosmarie Bierich

Rückfahrt vom Rußlandeinsatz

In den Weihnachtstagen 1918 kehrte mein Vater, Gustav Schmeil, der im Ersten Weltkrieg als Infanterist kämpfte, im Bahnwagen vom Rußlandeinsatz heim und beschreibt, wie er diese Fahrt erlebte.

Seit zwei Tagen hausen wir Heimkehrer in dem Abteil dritter Klasse. Die Hoffnung, Weihnachten daheim zu sein, haben wir längst aufgegeben. Draußen hüllt eine hohe Schneedecke Feld und Wald ein – ein Leichentuch fast könnte ich meinen, schlafen doch hier in den Masurischen Sümpfen viele Tausende, Freund und Feind, den letzten Schlaf. Krähen, durch den Zug aufgescheucht, fliegen weg und streben schwerfällig dem nahen Walde zu. Armselige Lehmkaten, halb im Schnee vergraben, tauchen auf. Dort rüsten die Menschen das Weihnachtsfest, vielleicht ist schon der Vater aus dem Felde zurück. Ob mein Vater schon daheim ist? –

Ich habe seit mehreren Wochen kein Lebenszeichen von ihm erhalten. Ob die Mutter und die Schwester daheim jetzt an ihren großen Jungen denken, der sich in dieser Stunde nach ihnen sehnt?

Still ist es in unserem Wagen, jeder geht seinen Gedanken nach. Uns schauert, das Stroh zu unseren Füßen ist durch den hereingetragenen Schnee durchnäßt und erfüllt seinen Zweck, unsere Füße warm zu halten, nicht mehr. Die Fen-

sterscheiben bekommen Eisblumen, durch Tür und Fenster-
ritzen streicht ein kalter Zug. Heiliger Abend!

Draußen wird es Nacht. Wir fünf Mann stecken jeder eine
Kerze an – die meinige habe ich reichlich anderthalb Jahre
als eisernen Bestand im Tornister herumgeschleppt.

Der Zug verlangsamt die Fahrt und hält endlich. Wir sind
in Allenstein. Einige, auch ich, klettern aus dem Wagen und
verschaffen sich auf dem Bahnsteig ein wenig Bewegung.
Kein fröhliches Lachen, kein Scherzwort erklingt, außer uns
Feldgrauen sehen wir nur einige Bahnarbeiter, die die Wagen prüfen.

Da – leise, wie aus einer anderen Welt: Stille Nacht, heilige Nacht. Unsere braven Musiker, die uns schon manche frohe
Stunde bereiteten, wollen uns heute, zum letzten Male, da
wir zusammen sind, mit ihren Darbietungen erfreuen. Die
Türen ihres Abteils sind offen, Sergeant Ihlow dirigiert, denn
unser Musikmeister hat den Transport schon früher verlassen, er ist in Ostpreußen daheim. Die Türen aller Abteile
öffnen sich nun, alte ergraute Landsturmleute schauen verwundert heraus. Die Kameraden sammeln sich auf dem
Bahnsteig, aber alles schweigt. „Es ist ein Ros entsprungen"
– „Ihr Kinderlein kommet" ertönen. Endlich mit dem Liede
„O du fröhliche, o du selige, gnadenbringende Weihnachtszeit" wird der Bann gelöst, mit einem Schlage fallen all die
hundert Mann mit in dieses Lied ein. Manch einem werden
die Augen feucht, niemand braucht sich der Tränen zu schä-
men. Lied folgt auf Lied, unterbrochen von unseren alten
Märschen. Die Kameraden gehen auf und ab, es wird leben-
dig. Da tauchen ein paar Mädels auf. Lächeln, Winken, Zu-
rufe – ein Glückszeichen. Ihr Jungens, was wollt ihr mehr?

Ein Pfiff ertönt, wir müssen in die Wagen. Der Zug rollt
weiter in die Nacht hinaus. Stumm sitzen wir im Wagen und
träumen von unseren fernen Lieben.

Stille Nacht, heilige Nacht.

[Saalfeld/Saale – Lauscha, Thüringen;
1927 – 1937]

Barbara Hartmann

Die Weihnachtsfrauen
Erzählt 1975 für das erste Enkelkind

Heute, mein lieber Christof, will ich dir wieder einmal eine
Geschichte erzählen aus meinen Kindertagen. Die Jahreszeit ist es, die mich daran erinnert hat. Das Reformations-
fest ist vorüber, der November ist da. Aber bis das erste Ad-
ventslicht brennt, müssen wir noch ein paar Sonntage vor-
übergehen lassen.

So um diese Zeit herum kamen sie damals, als wir Schwestern alle noch klein und zu Hause waren, immer zu uns,
unsere Weihnachtsfrauen. Ich will sie dir beschreiben, die
beiden. Die Mutter, die uns Kindern damals schon recht alt
erschien, mochte so um die fünfzig Jahre herum zählen und
ihre Tochter – nun, ungefähr zwanzig Jahre jünger. Sie trugen beide lange, reich gefaltete Röcke aus warmem, dunklem Tuch, darüber winterlich mollige Jacken; und über Brust
und Rücken hingen die Enden der wollenen und mit langen
Fransen geränderten Tücher herunter, die nicht nur um die
Köpfe, sondern auch noch schützend um Nacken und Hals
gewunden waren.

Ein bißchen gebückt standen sie da, denn was sie in großen Tragkörben aus Rohrgeflecht auf ihren Rücken trugen,
das mochte sie nach langem Weg doch ein bißchen drücken.
Weit über ihre Köpfe hinaus ragten noch Schachteln und Kartons, die hoch über die Korbränder hinauf aufgestapelt und

Zuerst kamen die Weihnachtsfrauen, viel später erst wurden die Wunsch-
zettel geschrieben. Dieser hier ist über die Jahrzehnte erhalten geblieben.
Unsere Autorin, damals ein Kind von zehn Jahren, wünscht sich Schlitt-
schuhe und das Buch „Inge wieder daheim“. Keck fügt das Mädchen
hinzu: „Wenn's noch etwas mehr gibt, bin ich nicht böse darüber.“

mit Bindfäden festgebunden waren. Und trotz dieser Last
lächelten sie und blickten so freundlich auf uns herunter.

Doch nun wird's Zeit, daß ich dir endlich verrate, woher die
beiden kamen und was sie eigentlich bei uns wollten. Siehst
du, sie wollten uns etwas verkaufen; etwas, das uns zum Weih-

nachtsfest leuchten und glänzen sollte im Schein der Kerzen am Baum: Christbaum-Schmuck!

Den schleppten die beiden Frauen von ihrem Heimatort oben im Thüringer Wald, in der Nähe der berühmten Glasbläserstadt Lauscha, bis ins Haus unserer Eltern in der Saalfelder Sagittariusstraße. Was die fleißigen Glasbläser dort im Laufe des Jahres hergestellt hatten, das boten sie nun in den Städten zum Kauf an, treppauf – treppab. Meist war es das, was in ihren eigenen Familien entstanden war; denn „oben auf dem Wald" hatte fast jeder Mann seinen eigenen kleinen Werkplatz daheim unterm schwarzgrauen Schieferdach.

In jenen Jahren verdienten bei uns in Deutschland viele Väter nur sehr wenig; manche Männer hatten überhaupt keine Arbeitsstelle, und die Hausfrau mußte sehr, sehr sparsam wirtschaften. Da wirst du verstehen, daß die Familie zum Weihnachtsfest vor allen Dingen endlich mal etwas Ordentliches zu essen bekommen sollte – für neue Kugeln und Glocken am Bäumchen reichte bei vielen das Geld nicht. Darum wanderten unsere Weihnachtsfrauen in jedem Jahr wieder so treu und brav zu jenen Kunden, von denen sie wußten, daß sicherlich ein paar Mark übrig sein würden für ihre glitzernde Ware – und darum hatten auch wir das Glück, daß sie uns alljährlich im Spätherbst den ersten Hauch des nahen Festes ins Haus brachten.

Da saßen sie nun in unserer Küche, hatten ihre Körbe abgesetzt und labten sich am duftenden Kaffee, mit dem die gute Mutter sie immer bewirtete, und an den Buttersemmeln. Und sie erkundigten sich dabei nach den vergangenen Monaten – ob wir denn so, wie sie's uns vor einem Jahr gewünscht hatten, gesegnete, gesunde Tage verleben konnten. Vor allem aber bewunderten sie jedesmal uns Kinder: So groß waren wir in der Zwischenzeit geworden! Und doch sicherlich noch immer so artig, damit der Weihnachtsmann ohne Bedenken tief für uns in seinen Sack greifen könnte!

Das Stichwort war gefallen! Weihnachtsmann!

Dem wollte unsere Mutter nun behilflich sein und das schimmernde Angebot besichtigen, mit dem sie ihre Vorräte auffüllen konnte. Für uns Kinder kam nun der Augenblick, daß wir vor die Tür verschwinden mußten. Denn was uns am Heiligen Abend unseren Baum schmücken sollte, das durften und das wollten wir auch gar nicht vorher sehen. Wir ließen uns so gerne überraschen! Aber, kannst du dir vorstellen, Christof, wie lang uns die Minuten da draußen im Korridor wurden?

Hinter der Küchentür raschelte Papier, und dann klirrte es mal ganz leise – oder ein Glöckchen schlug an.

Wir warfen uns bei jedem Ton begeisterte Blicke zu und zappelten von einem Bein aufs andere – bis wir endlich wieder eingelassen wurden. Was unsere Mutter für uns erstanden hatte, war weggepackt – und nun durften wir bewundern, was der Thüringer Wald da sonst noch an Weihnachtsglanz zu Tal geschickt hatte.

Aus jedem der kleinen Fächer, in die die Pappkartons unterteilt waren, strahlten uns Kugeln entgegen in sattem Blau und Rot und Gold; manche so groß wie die prächtigsten Äpfel – andere kleiner oder ganz winzig, wie's einem halt für sein Bäumchen gerade passen und gefallen mochte. Viele waren von glattem, spiegelndem Rund, andere geschmückt mit Vertiefungen, die ausgelegt waren mit buntem, gläsernem Flitterwerk, das fröhlich herausblitzte. Gläserne Glocken klingelten, Christbaum-Spitzen schwangen Büschel von Glasfasern – wir waren in jedem Jahr aufs Neue entzückt! Selbst dann noch, als wir schon ein bißchen größer geworden waren und so ungefähr ahnten, was uns entgegenleuchten würde.

Und nachdem wir älteren Geschwister die Mutter noch ängstlich gefragt hatten, ob sie denn auch an Lametta und an Engelshaar gedacht hätte, und während unsere Blicke noch immer voller Freude an den zerbrechlichen Vögelchen hingen, die, auf ihren Drahtbeinen wippend, im Baumgezweige befestigt werden konnten, da war es mittlerweile leider schon wieder so weit, daß unsere beiden Frauen einpacken

*Etwa so sahen die Engel-
bildchen aus, die die Kinder
einst von den Weihnachts-
frauen geschenkt erhielten.
Unsere Abbildung zeigt
einen Nostalgie-Christbaum-
schmuck der Firma Uwe Bäz,
die ihn heute noch in
Lauscha herstellt.*

und sich von Neuem auf den Weg machen mußten. Irgendein kleines Geschenk drückten sie jedem Kind zum Abschied noch in die Hand. Ich weiß noch, daß es einmal ein Preßbild war, ein Engelskopf, der mit einem Strahlenkranz aus gesponnenem Glas umgeben war.

Bevor sie dann aber endgültig die Treppe hinabstiegen, wünschten sie uns – und es war das erste Mal in diesem Jahr, daß es geschah – ein „Frohes Weihnachtsfest!"

Ja, zu diesem glücklichen Fest für uns haben sie selbst, unsere Weihnachtsfrauen, damals in jedem Jahr ihr Teil mit beigetragen.

[Berlin-Neukölln;
1934]

Gerda Steinke

Goldköpfchen

Mein größter Wunsch als kleines Mädchen war eine Puppe
mit Stocklocken, die durch Wickeln von besonders lang her-
abhängendem Haar über einen Stock in Form gebracht wurden. So stand auch auf meinem Wunschzettel für den Weihnachtsmann nur:

> *„Lieber Weihnachtsmann,*
> *bitte, bitte, bring mir eine Puppe mit Stocklocken!"*

Das Warten vor Weihnachten schien kein Ende zu nehmen.
Ob mein Wunsch wohl in Erfüllung gehen würde?

Meine Mutter und meine große Schwester zuckten nur
immer hilflos lächelnd mit den Schultern.

Nun wußte ich aber, daß meine Mutter im großen Speisezimmer unten im Büffet Dinge für das Fest versteckte und
immer so geheimnisvoll tat. Die Tür dazu wurde immer abgeschlossen.

Da geschah es eines Tages, daß meine Mutter aus der Wohnung gerufen wurde und es deshalb vergaß. Meine Neugier
ließ mir keine Ruhe; noch zögerte ich etwas, aber dann schlich
ich ins Speisezimmer, öffnete vorsichtig die Tür vom Büffet
und – mir blieb fast das Herz stehen – vor mir lag eine wun-

*Weihnachten 1947
spielte mein Mann
für unsere kleine
Nichte Bärbel den
Weihnachtsmann.*

Lieber Weihnachtsmann ich wünsche mir:

1. Eine Babypuppe
2. Einen Hund Foxi
3. 5 Bogen Lackbilder
4. Eine Kordsamthose
5. Einen Anorack
6. Ein Spiel Verkehrsspiel
7. einen Füller *meiner schmiert so sehr*
8. Ein Buch
9. Einen Bunten Teller
10.
11.
12.

Der Wunschzettel unserer Tochter Gabriele aus dem Jahr 1955 war nicht
ganz so bescheiden wie meiner im Jahre 1934.
Die Achtjährige wünschte sich außer einer Babypuppe einen Hund
Foxi, eine Kordsamthose, einen Bogen Lackbilder, ein Verkehrsspiel,
einen Füller („meiner schmiert so sehr", schrieb sie daneben), ein
Buch und einen bunten Teller. Wir wohnten zu dieser Zeit in West-
Berlin und konnten ihr all ihre Wünsche erfüllen.

derschöne große Puppe mit großen braunen Augen und langen blonden Stocklocken, durch zartrosa Schleifen zusammengehalten! Gleichzeitig aber schämte ich mich unsagbar meines Ungehorsams und schloß blitzschnell die verbotene Tür wieder zu.

Bis zum Heiligen Abend wurde ich nicht mehr richtig froh. Mein schlechtes Gewissen quälte mich.

Der Abend der Bescherung kam. Unter dem Weihnachtsbaum saß die so heißersehnte Puppe und schaute mich – wie ich glaubte – vorwurfsvoll an. Stumm stand ich davor. Ich konnte mich in diesem Moment überhaupt nicht mehr über die schöne Puppe freuen.

Meine Mutter blickte verwundert zu mir hin: „Ja, freust du dich denn gar nicht?"

Die lange zurückgehaltenen Tränen schossen aus meinen Augen, ich schluchzte in den Armen meiner Mutti und gestand ihr meinen Vertrauensbruch. Nie, nie wieder würde ich so etwas tun und mir selbst die Freude verderben!

Meine Mutter nahm mich tröstend in ihre Arme und verzieh mir. Diese schönste meiner Puppen wurde mit ihren Stocklocken doch noch mein Lieblingskind.

Dieses „Goldköpfchen", wie ich mein Puppenkind in Anlehnung an eine Mädchenbuch-Serie gleichen Namens nannte, rettete mich kurz nach Kriegsende vor dem Verhungern. Blutenden Herzens mußte ich die Puppe für Brot verkaufen. Ich hoffe nur, daß ein liebes Kind neue Besitzerin wurde und meinen Liebling mit gleicher Sorgfalt behandelt und ins Herz geschlossen hat.

*(Weitere **ZEITGUT**-Beiträge dieser Autorin sind im Autorenverzeichnis am Ende des Buches vermerkt.)*

[Steinbach-Lebach, Saarland;
Weihnachten 1932]

Anna Berwian

Glaube und Liebe

Die Wochen des Advents waren für mich seit früher Kindheit mit Geheimnisvollem erfüllt, denn es war die Zeit der
Vorbereitung auf das Fest der Geburt Christi, auf das Kind
in der Krippe. Unsere ganze Familie betete allabendlich in
der Dämmerstunde gemeinsam den Rosenkranz. Ich kannte
bereits die Grundgebete, aber die Endverse

Jesus, den du, o Jungfrau, vom Hl. Geist empfangen hast;
Jesus, den du, o Jungfrau, zu Elisabeth getragen hast;
Jesus, den du, o Jungfrau, geboren hast;
Jesus, den du, o Jungfrau, im Tempel aufgeopfert hast;
Jesus, den du, o Jungfrau, im Tempel wiedergefunden hast;

begriff ich noch nicht. Doch ich ahnte, daß es um etwas Großes ging, was für die Menschen gut war. Auch daß es die
Menschen sind, die sich an Weihnachten gegenseitig beschenken, weil Gott sie beschenkt hat, wußte ich noch nicht.
Für mich kamen damals alle Gaben, einschließlich des
Christbaums, in der Heiligen Nacht direkt vom Christkind
im Himmel. Höchstens Engel hätte ich als Helfer noch an-
erkannt. Fand ich am Morgen Woll- oder gar einen Goldfa-
den, war ich überzeugt, das Christkind sei nächtens in unserer Stube am Werk gewesen.
Die Geschenke, die wir zu Weihnachten bekamen, waren
durchweg praktischer Art, zum Beispiel Pullover, Mütze, Schal

*Eines der wenigen Fotos von mir wurde Pfingsten 1934 auf der Wiese
hinter unserem Haus aufgenommen. Ich stehe zwischen Klara und Peter.*

und Handschuhe. Dazu gab es die ersehnten Weihnachts-
plätzchen, eine Apfelsine, Nüsse und Äpfel, die einen besonderen Glanz hatten. Das Christkind kam bei uns über Nacht,
und die Bescherung war morgens vor der Christmette, die
um 5 Uhr in der Frühe begann. Also mußten mein jüngerer
Bruder und ich, die wir die beiden Kleinsten waren, am Heiligen Abend früh zu Bett gehen, um am Weihnachtsmorgen
ausgeruht zu sein.

Eine Christnacht ist mir besonders in Erinnerung geblieben. Ich war etwa sechs Jahre alt und teilte mir mit meinen
Schwestern Dini und Klara, 16 und 12 Jahre alt, ein Schlafzimmer. Es lag genau über der Wohnstube. Die Fensterläden
wurden nicht geschlossen, weil unser Raum zum Garten gelegen war. Ich hatte zunächst tief und fest geschlafen. Gegen

Mitternacht erwachte ich, hob den Kopf und sah im Birnbaum vor unserem Fenster einen Lichtschimmer. Nun war ich hellwach. Wenn in der Nacht in unserer Wohnstube Licht brannte, dann mußte doch jemand drin sein. Und das konnte nur das Christkind sein!

Aber die Treppe hinunterzuschleichen oder gar durch ein Schlüsselloch zu schauen, das war undenkbar und wäre mir wie ein Verbrechen vorgekommen. Also weckte ich meine zwei Schwestern auf und bat sie, doch einmal mit mir zu horchen, ob von unten etwas zu vernehmen sei. Wir krochen alle drei aus den Betten, legten uns auf die breiten Dielen, ein Ohr fest am Fußboden, und lauschten. Aber nichts, rein gar nichts war zu vernehmen; kein Knistern und Räumen, kein Hantieren und Schieben – nichts, absolut nichts.

Bald wurde es uns zu kalt, denn das Schlafzimmer war nicht geheizt, und so krochen wir wieder in die Betten. In froher Erwartung schlief ich selig dem Weihnachtstag entgegen.

Von dem schönen alten Brauch, in der Heiligen Nacht im Wohnzimmer das Licht anzulassen, damit sich der Heilige Christ auf keinen Fall in der Dunkelheit verirren oder gar vorbeigehen kann, hatten mir die Großen nichts erzählt. Bis zum heutigen Tag rechne ich meinen zwei Schwestern hoch an, daß sie mich ernst genommen haben und mir so mein schöner Kindheitsglauben lange bewahrt blieb.

[Breslau, Schlesien;
1939 – 1945]

Robert Kramer

Der Höhepunkt des Heiligen Abends

Der Heilige Abend wurde bei uns daheim in Schlesien sicherlich nicht viel anders gefeiert als anderswo. Und doch erlebte ich in meiner Kindheit an diesem Abend etwas, was vielleicht einmalig war. Unsere Familie wohnte mitten in der Stadt in einem Pfarrhaus, weil mein Vater Lehrer und Chorleiter war und ihm mit der großen Familie – wir waren fünf Buben und vier Mädchen – das ganze dritte Stockwerk zur Verfügung stand. Mit den Eltern und einem Dienstmädchen waren wir also zwölf Personen. Zu Weihnachten kamen auch noch der Großvater und eine Tante zu Besuch.

Auf das Mittagessen freuten wir uns alle. Da gab es Salzkartoffeln mit Sauerkraut und einer dunkelbraunen, süßsauren Tunke – so hieß bei uns die Sauce –, die einen richtig warm machte, weil sie Bier und mancherlei Gewürze enthielt, zum Beispiel viele Zwiebeln, Petersilienwurzel, Sellerie und Lorbeerblatt – alles in Wasser und dunklem Bier, je zur Hälfte, weichgekocht, dann durchgeseiht und mit weiteren Zugaben wie braunen, geriebenen Pfefferkuchen, Zucker, Essig, Rosinen und mitunter Mandeln vermischt und mit Butterflöckchen bestreut. Dazu gehörten Wiener Würstchen und schlesische Bratwürste; die ersteren bekanntlich länglich und schlank, die letzteren ein wenig kürzer und dick. Die Erwachsenen aßen meistens statt dieser Würste

einen Karpfen, der noch bis kurz vor seinem Ende munter in
der Badewanne oder in einem Waschzuber schwamm und nun
gekocht in Stücken in der dunklen Biertunke ziehen mußte.
Zum Karpfen wurde ebenfalls diese pikante Biersauce mit Salzkartoffeln und Sauerkraut gereicht.

Nachmittags war am Heiligen Abend für uns Kinder – ich
gehörte zu den vier jüngeren – noch etwas Zeit zum Schlitten-
fahren. Schnee gab es damals in den Kriegswintern von 1939
bis 1945 reichlich. Doch meistens wollte uns das Herumtollen
an diesem Tag gar nicht gefallen. Über allem lag eine merk-
würdige Spannung, ein ungeduldiges Warten, eine zappelige
Unruhe. Kaum daß sich die Abenddämmerung ankündigte,
räumten wir Kinder unseren Spielplatz, ohne daß wir gemahnt
werden mußten, endlich nach Hause zu kommen.

Die Altbauwohnungen in den Städten waren häufig groß
und geräumig. Unser Kinderzimmer mußte nicht nur vier
große Betten und ein Kinderbett aufnehmen, sondern auch
eine große Kommode, auf der ein kleiner Hausaltar stand.
Hinzu kam noch ein großer Eßtisch mit 12 oder 14 Stühlen,
an dem wir zu Mittag und am Abend aßen. Am Heiligen Abend
allerdings war der große Tisch verschwunden, weil er im Wohn-
und Weihnachtszimmer gebraucht wurde. Wir Kinder wurden durch die größeren Geschwister oder das Dienstmädchen
nochmals einer gründlichen Reinigung unterzogen, bevor wir
die Sonntagskleidung anziehen durften.

Um uns die Zeit zu verkürzen, bekamen wir – nur für diesen einen Nachmittag – das Radio ins Kinderzimmer gestellt.
In seiner Nähe lauschten wir den weihnachtlichen Klängen
und Erzählungen. Doch mehr als diese Darbietungen beschäftigte uns die Frage: Was würde uns das Christkind bringen?
Welchen unserer Wünsche, die wir fein säuberlich in einem
Brief aufs Fensterbrett gelegt hatten, würde es erfüllen?

Plötzlich ging das Licht aus, die Tür sprang auf und mit
großem Gepolter flog etwas auf den Boden. Als das Licht

wieder aufflammte, lagen Nüsse und ein paar Süßigkeiten da – gleichsam ein erstes Angeld auf die kommenden Freuden. Unsere älteren Geschwister sorgten dafür, daß alles gerecht verteilt wurde.

Endlich war es so weit! Vor unserer Tür läutete das Weihnachtsglöckchen. Obwohl sein Ton eher zart und unaufdringlich war, überhörte es niemand. Mit gespannter Erwartung verließen wir unser Kinderzimmer. In der Weihnachtsstube brannten schon die Kerzen am Christbaum, der nicht nur mit silbernem Lametta und den Christbaumkugeln geschmückt war, sondern an dem auch bunte Süßigkeiten aus Zucker hingen – in der Kriegszeit für alle etwas Kostbares.

Familie Kramer mit ihren neun Kindern zu Hause in Breslau 1941.
Ich bin der Junge im karierten Hemd zwischen Max und unserer Muttl,
auf deren Schoß die kleine Marianne sitzt. Franz lehnt sich an unseren
Vatl, und oben stehen unsere fünf älteren Geschwister Christl, Bernhard,
Hedl, Sepp und Gretl (von links).

In der Nähe des Christbaums stand unsere Krippe, die aus dem Stall mit Ochs und Esel sowie aus der Heiligen Familie bestand und gut beleuchtet war. Im Hintergrund lagen, noch fast völlig ins Dunkle getaucht, die Geschenke für uns, auf die wir erste vorsichtige Blicke warfen. Alle standen wir erwartungsvoll da, nur die Mutter fehlte noch.

Und dann ereignete sich, was ich als so einmalig in meiner Erinnerung behalten habe: Die Tür ging auf und als letzte kam unsere Mutter in die Stube. Heute, nach gut sechzig Jahren, denke ich mir: Meine Mutter hätte doch erschöpft sein müssen oder gehetzt von den vielen Vorbereitungen, die an einem solchen Festtag unvermeidlich sind. In manchen Familien kommt es an solchen Tagen zu Spannungen, ja zum Streit, weil irgend etwas nicht so geglückt ist, wie es gedacht war. Doch bei meiner Mutter war dies anders. Sie kam zur Tür herein und strahlte!

Sie ließ sich nichts anmerken von all den Schwierigkeiten, die sich bei einer Vorbereitung für vierzehn Personen nun einmal einstellen. Im Gegenteil, sie sah aus, als käme sie gerade von einem erholsamen Spaziergang. Genau dieses strahlende, unbeschwerte Lächeln, diese von innen kommende Freude werde ich nie vergessen. Es war, als sei meine Mutter selbst jener Himmelsbote, der uns die Botschaft brachte: „Seht, ich verkünde euch eine große Freude!"

Danach las unser Vater das Weihnachtsevangelium vor, und wir sangen zwei oder drei Weihnachtslieder, von unserem Vater am Klavier begleitet.

Jetzt endlich kam die Zeit, da jeder an seinem Platz die Geschenke entdeckte, die uns unsere Eltern – wir nannten sie Muttl und Vatl –, Großvater und Tante ausgesucht hatten. Schließlich beschenkten wir Kinder unsere Eltern mit dem, was wir uns ausgedacht, für sie gebastelt oder von unserem bescheidenen Taschengeld erstanden hatten. Meiner Mutter zum Beispiel habe ich einmal einen Satz Porzellanschüsseln ausgesucht, den ich für wenig Geld, mit eifrigem

Ministrieren verdient, in einem Kaufhof erworben hatte. Kurz vor dem Heiligen Abend hatte ich meine Mutter noch raten lassen, was ich ihr zu Weihnachten schenken werde. Natürlich erriet sie dies nicht. Daraufhin gab ich ihr einen Tip: „Es fängt an mit ‚Schüs' und hört auf mit ‚seln'!"

Das danach einsetzende Gelächter meiner Geschwister habe ich noch heute im Ohr.

Was es an dem festlich gedeckten Tisch zu essen gab, entsinne ich mich nicht mehr; nur an die Nachspeise, die in Schlesien unvermeidlichen Mohnklöße. Mit Klößen oder Knödeln hat diese Speise allerdings nichts zu tun. Sie bestand vielmehr aus mehreren Schichten von Mohn und in Zuckerwasser eingeweichten Semmeln. Unter diese Masse waren Rosinen und Mandeln gemischt. Noch heute höre ich meinen Vater sagen, der diese Süßspeise besonders gern aß: „Kinder, eßt nicht so viel von den Mukließla – so hießen sie im Dialekt –, sonst werdet ihr dumm!"

Doch er gönnte uns allen etwas von dieser Köstlichkeit.

Nach dem Essen mußten wir bald ins Bett, denn zur Mitternachtsmesse sollten wir Kinder ein wenig ausgeschlafen sein. Obwohl auch der festliche Mitternachtsgottesdienst mit der „Christkindlmesse" von Kempter und dem Hirtengesang „Transeamus" fest in meiner Erinnerung haftet, so bleibt doch der Höhepunkt des Heiligen Abends für mich jener Augenblick, da meine Mutter mit ihrem strahlenden Lächeln die Weihnachtsstube betrat.

[Schönfeld – Grünhagen, Kreis Preußisch Holland,
Ostpreußen;
1941]

Reinhard Adloff

Weihnachtliche Vergnügungsfahrt mit Totalschaden

Es war Weihnachten 1941. In diesen Kriegszeiten, in denen junge Männer, nicht viel älter als wir, an allen Fronten kämpften und starben, waren die sogenannten Tanzvergnügen eingeschränkt. Bei uns im kleinen Schönfeld brauchten wir Jugendlichen uns sowieso keine Hoffnung darauf zu machen. In den Kirchdörfern jedoch spielte unter bestimmten Voraussetzungen ab und an eine Kapelle auf, damit die Fronturlauber mal das Tanzbein schwingen konnten. Ich war noch keine 18 Jahre alt und durfte wie alle ab 16 nur in Begleitung von erziehungsberechtigten Personen dabeisein, wenn sich endlich einmal eine so seltene Gelegenheit bot. Und natürlich mußten die Eltern vorher gefragt und die Modalitäten ausgehandelt werden.

Während der Weihnachtsfeiertage nun beschlossen meine Nachbarsfreunde Ruth und Kurt Föllmer, nach Grünhagen zum Weihnachtsball zu fahren, wo uns die ortsansässige Familie Klautke zum Ball mitnehmen würde. Soweit, so gut. Die Anfahrt aber mußten wir erst organisieren, was damals nicht so einfach war. Aber wir fanden natürlich eine Lösung in beiderseitigem Einvernehmen: Föllmers stellten das Pferdegespann bereit und wir, Adloffs, das Pferd. Es lag kein Schnee, was eigentlich in dieser Jahreszeit bei uns in Ostpreußen eine Seltenheit war.

Für mich begann der zweite Weihnachtstag mit Stalldienst. Unsere polnischen Zivilarbeiter hatten ihren wohlverdienten Heimaturlaub, und so versorgte ich mit meinem Vater um 6 Uhr die Pferde. Kurz danach nahm das Unheil seinen Lauf. Der Fuchswallach, zu dem ich eine Stute führen wollte, schlug aus und traf mich so heftig am Hüftknochen, daß ich gezwungen war, das Bett zu hüten. Dabei sollte es doch in zwölf Stunden nach Grünhagen gehen! Was sollte die Kleine aus Neuendorf denken, wenn ich nicht käme?

Anrufen konnten wir ja damals noch nicht. Mutters Umschläge und mein eiserner Wille halfen mir jedoch, wenn auch mit unsäglichen Schmerzen, aus den Federn zu kriechen, zu Föllmers zu humpeln und zu sagen: „Wir fahren doch!"

Vater meinte, ich solle den Fuchswallach von heute morgen nehmen. Ich hatte an den alten Wallach gedacht, der mir für unser Unternehmen geeigneter schien.

„Sei kein Feigling, sei lieber froh, daß du überhaupt fahren darfst."

Unser Fuchswallach war im Dog Cart, einem einspännigen Pferdefuhrwerk, noch nie gegangen. Warm verpackt in eine Pelzdecke, fuhr ich mit meinen beiden Freunden auf dem Gespann vom Hof; vor uns der Fuchs, unberechenbar tänzelnd. Aber die Anspannung, das Tier zu lenken, nahm mir die Hüftschmerzen und die gegenseitige Wärme war mir sicherlich auch zuträglich. Nach einer Stunde war das Ziel erreicht, der Wallach wurde in den Stall gebracht, und ab ging es zum Weihnachtsball.

Der Saal im Gasthof „Hahnenkrug" war festlich geschmückt. Traudchen, mein Tanzschwarm, war mit ihren Eltern aus Neuendorf gekommen. Eine zünftige Dorfkapelle sorgte für die richtige Mischung aus gängiger Tanzmusik, populären Schlagern und altbekannten Weisen. Mit Traudchen leichtschwebend im Arm war es eine Weihnachtswonne. Wir hatten einen Tanzkurs in Preußisch Holland absolviert und harmonierten wunderbar miteinander. (Leider fand unsere winterliche Romanze kriegsbedingt ein vorzeitiges Ende.) Die ersten Tänzchen waren noch nicht ganz schmerzfrei, aber nach der Damenwahl wurde es immer besser.

Unser Tante Lottchen paßte gut auf uns auf, so daß der Dorfgendarm, Herr Plazeck, nichts zu beanstanden hatte. Ich amüsierte mich prima – mal davon abgesehen, daß der Unterschweitzer aus Talpitten mit mir rausgehen wollte, weil beim Abklatschen mein Trautchen nicht mit ihm tanzen wollte. So hab ich ihn lieber zum Schnaps eingeladen, das war mir lieber als eine Keilerei, denn der Schweitzer war ein sehr kräftiger Bursche.

Punkt 24 Uhr war mit „Lilli Marleen" und den drei letzten Tänzen Feierabend angesagt, der auch eingehalten wurde. Bis früh um fünf, so etwas kam überhaupt nicht in Frage.

Unser geduldiger Fuchswallach wollte natürlich auch gern in seinen heimatlichen Stall, und so tänzelte er mit uns dreien zum Dörflein hinaus. Inzwischen hatte es doch leicht geschneit. Wir fuhren guter Dinge durch die schöne Winterlandschaft, schwelgten mitteilsam in Erinnerungen an die schönen Stunden in Grünhagen. Wir waren wie Geschwister in der Nachbarschaft aufgewachsen und hatten keinerlei Geheimnisse voreinander. Aus unserer Beschaulichkeit, auch unser Fuchs hatte sich nach drei Kilometern Trab etwas abreagiert, riß uns ein plötzliches Feuerwerk.

Was war passiert?

Durch einen Frostknubbel in der Fahrspur war eine Dog Cart-Feder gebrochen. Der eiserne Radreifen erzeugte auf dem Eisenbeschlag des Kotflügels ein Funkensprühen in der Nacht, für uns herrlich anzusehen; aber unser Wallach muß wohl den „Leibhaftigen" hinter sich vermutet haben und floh mit dem leichten Gefährt über Stock und Stein. Zu halten war er absolut nicht, zumal, wenn es, wie an dieser Stelle, bergab ging. Wir erkannten die Gefahr eines Totalschadens und mußten blitzschnell reagieren. Es gab nur eine Möglichkeit: den Absprung nach hinten zu wagen; wahrlich keine leichte Entscheidung bei dem rasanten Tempo. Meine Freunde sprangen, und Gott sei Dank, es klappte ohne besondere Lädierungen, nur Ruths „Seidene" hatten es am Knie nicht ausgehalten.

Wie der Kapitän eines sinkenden Schiffes blieb ich zunächst „an Bord", um das Schlimmste zu verhüten. Auch als Kutscher, dachte ich, trüge ich die letzte Verantwortung. Vor mir lag der abschüssige Talpitter Lehmberg, wo das Pferd in seiner Panik besonders leicht stürzen konnte, anschließend folgte eine Rechtskurve, wo es im Stacheldrahtzaun hätte landen können. Schließlich stellte ich mir unser Pferd vor, das sich gegen 2 Uhr früh ohne uns vor seinem Stall bemerkbar machen und die Eltern aus dem Schlaf wecken würde. Welche Angst hätten sie um ihre Kinder gehabt!

All das ging mir in Sekundenschnelle durch den Kopf, als auch schon kam, was es kommen mußte: Am ersten Hindernis stürzte der Fuchswallach und löste dadurch am Ledertambor (Schutzbespannung für den Unterkörper) einen Mechanismus aus, den man als den Urgroßvater des heutigen Airbag bezeichnen könnte. Durch den abgeminderten Schwung landete ich auf dem Pferd, rollte mich rückenseitlich ab, um nicht zwischen die Pferdebeine zu geraten – und dann standen wir uns beide entgeistert gegenüber!

Kopf an Kopf beruhigten wir uns gegenseitig. Der Zaum war nicht beschädigt worden, und so befand sich unser treuer Fuchswallach in meiner Obhut, was er wohl auch zu schätzen wußte. Wir waren beide Opfer der damaligen primitiven Technik. Heutige Konstruktionen würden gewiß verhindern, daß zwei Eisenteile im Falle eines Federbruches aufeinander geraten könnten.

Etwa hundert Meter hinter uns sah ich zwei Gestalten kommen, Gott sei Dank, meine Freunde waren noch mobil und ohne nennenswerte Verletzungen. Wir machten Bestandsaufnahme: Dog Cart – Totalschaden, wird in Einzelteilen aus dem Weg geräumt; Pferdegeschirr – außer Zaumzeug und Leine – zerrissen; Bogenpeitsche und einige Handschuhe waren bei der rasanten Abfahrt abhanden gekommen; die Pelzdecke war unversehrt. Am wichtigsten war jedoch, daß bei Menschen und Tier alle Knochen heilgeblieben waren, wenn wir auch beim Wallach Fellabschürfungen an Hüftknochen, einigen Rippen und Kopfpartien feststellten.

Nun standen wir vier Leidensgenossen – Ruth, Kurt und ich in Tanzschuhen, und der Wallach – leicht fröstelnd da und hatten noch etwa dreieinhalb Kilometer über Talpitten, Kalthof bis Schönfeld auf dem Landweg vor uns. Nachdem wir kleinere Blessuren mit unseren Kavalierstaschentüchern notdürftig verbunden und das Pferd mit der Pelzecke belegt hatten, machten wir uns bei leichtem Schneetreiben auf den Weg. Beim Laufen wurde uns wieder warm. Dankbar dafür, daß alles noch „so gut" abgegangen war, meisterten wir auch die letzte Etappe dieses so abenteuerlichen Heimwegs. Den Fuchswallach brachten wir in den Stall; der Hof lag friedlich in nächtlicher Stille.

Heute noch höre ich meinen Vater, der am nächsten Morgen vom Stalldienst mit den Worten in mein Zimmer kam: „Na, Jung, lebst' noch?"

Als ich ihm die ganze Geschichte gebeichtet hatte, sagte er: „Na, dann wollen wir mal anspannen und die Trümmer vom Talpitter Berg holen!"

Kaum waren wir aber vor Kalthof, kamen uns Föllmers schon damit entgegen. So einfach wurden damals Schäden unter Nachbarn behandelt!

Zu meinem und aller Schönfelder Bedauern war es die letzte Weihnachtserinnerung, die mein Freund Kurt Föllmer am 21. Juli 1942 mit in sein Grab vor Woronesch in Rußland nahm. Zu seinem Gedenken habe ich diese Zeilen geschrieben.

[Pont-a-Mousson, Frankreich –
am Polarkreis in Finnisch-Lappland;
1940/41]

Hans Braun

Zwei Kriegsweihnachten

Ende 1940 wurde ich nach Wetzlar/Lahn zur Wehrmacht eingezogen. Im Schnellverfahren ausgebildet zum Funker, landete ich Mitte Dezember 1940 bei der Nachrichten-Abteilung
einer Infanterie-Division in Pont-a-Mousson, einer Kleinstadt
zwischen Metz und Nancy. Dort erlebte ich meine ersten
Kriegsweihnachten. Als Besatzer in Frankreich hatten wir auf
Kosten der Franzosen reichlich Verpflegung und Getränke,
und so wurde dann auch unser Heiligabend-Festessen zu einer lukullische Orgie. Wir hausten in einer französischen Kaserne mit fünf oder sechs Mann in einer Bude. Jeder Mann
unserer Kompanie bekam Heiligabend einen ganzen mehr-
pfündigen gekochten Karpfen, der auf einem tiefen Teller in
einem kleinen See von ausgelassener Butter schwamm. Dazu
lieferte die Küche in großen Kübeln und Kannen üppig ge-
würzten und heftig mit Zucker gesüßten Burgunder-Glühwein.

Auf dem Tisch in unserer Bude häuften sich neben den
Karpfentellern Plätzchen, Lebkuchen, Nüsse und Krokant aus
den Weihnachtspäckchen von zu Hause. In der Tischmitte
prangten in einer leeren Konservenbüchse einige Tannenzweige, behängt mit ein paar zerknitterten Lamettastreifen.

„Messer gewetzt und ran an den Fisch!" meinte einer.

„Halt!" rief Wolfram – Pfarrersohn, der Jüngste von sechs
Geschwistern, wie er uns erzählt hatte – „erst singen wir ein
Weihnachtslied. Hat einer 'ne Mundharmonika?"

„Nee", stellte Funker Paul fest, „aber ich kann gut pfei-
fen!" Und dann wurde „Stille Nacht, heilige Nacht" ge-
brummt, genuschelt, gemurmelt, gepfiffen. Danach herrschte
eine Minute Stille. Einer wischte sich mit dem Taschentuch
verstohlen die Augen.

„Bon Appetit und Prost allerseits!" rief Schorsch, der Stu-
benälteste, und auf ging's.

Der Karpfen hing mit Kopf und Schwanz über dem Teller-
rand. Mochte er mit seinen Glubschaugen auch noch so vorwurfsvoll glotzen, er wurde bis auf Kopf und Schwanz „ske-
lettiert". Der Kumpel am Glühweinkübel schöpfte unentwegt
unsere Trinkbecher voll: Fisch will schwimmen, klarer Fall!

Plätzchen, runtergespült mit Glühwein, folgten als Nachtisch, und die „stille" heilige Nacht wurde lauter und lauter
auf unserer Bude. Witze, x-mal gehört, wurden aufgetischt,
Landserlieder gegrölt, immer häufiger von Rülpsern begleitet. Und dann verschwand einer nach dem anderen in Richtung Klo. Die „Übergaben", die dort stattfanden, sollen über-
dimensional gewesen sein. Der Ort soll ausgesehen haben –
man muß das krasse Wort schon wählen – zum Kotzen.

Am Ende der Welt

Weihnachten 1941 erlebte ich „am Ende der Welt", (laut
Landserjargon „am Arsch der Welt"): in Finnisch-Lappland,
jenseits des Polarkreises. Der „Gröfaz" – größte Führer aller Zeiten – hatte unsere Division im Juni 1941 dorthinbug-
siert. Wir sollten Salla erobern und auf russischem Boden
vordringen bis ans Weiße Meer. „In 14 Tagen haben wir unser Ziel erreicht und die russischen Untermenschen vernich-
tend geschlagen!" brüllte ein Offizier vor der versammelten
Mannschaft am Vorabend des Angriffs.

Nach wochenlangen blutigen Kämpfen mit schweren Ver-
lusten endete der „Vormarsch" auf halbem Wege im unüber-
windlichen Gelände des Lappland-Urwalds. Das Weiße Meer
haben wir nie erreicht. Eine HKL (Hauptkampflinie) ent-

Weihnachten 1941 hausten wir in einem aus Fichtenstämmen gebauten, tiefverschneiten Blockhaus. Einen Weihnachtsbaum brauchten wir nicht, die standen in voller Pracht rund um den Bunker.

stand mit Schützengräben und minen- und stacheldrahtge-
schützten Stützpunkten auf beiden Seiten; eine starre Front,
an der sich nichts ändern sollte in dreieinhalb Jahren.

Unser Funktrupp von vier Mann wurde zu einer Infante-
rie-Kompanie an einem Berghang, genannt „Höhe 8", abgestellt. Dort verbrachten wir in einem von Pionieren aus
Fichtenstämmen gezimmerten Blockhaus („Bunker") Weihnachten und unseren ersten Lapplandwinter. Die Szenerie
konnte weihnachtlicher gar nicht sein: Einen halben Meter
hoch lag der Schnee um unseren Bunker und auf dem Dach;
die Bäume waren dick mit Schnee und Reif bepackt. Es waren 20 Grad minus und mehr. Die Nächte zogen sich unendlich lang hin, nur wenige Stunden wurde es hell.

Im Bunker brodelte ununterbrochen der Kanonenofen, gefüttert mit den Holzscheiten, die wir in den wenigen Tagstun-

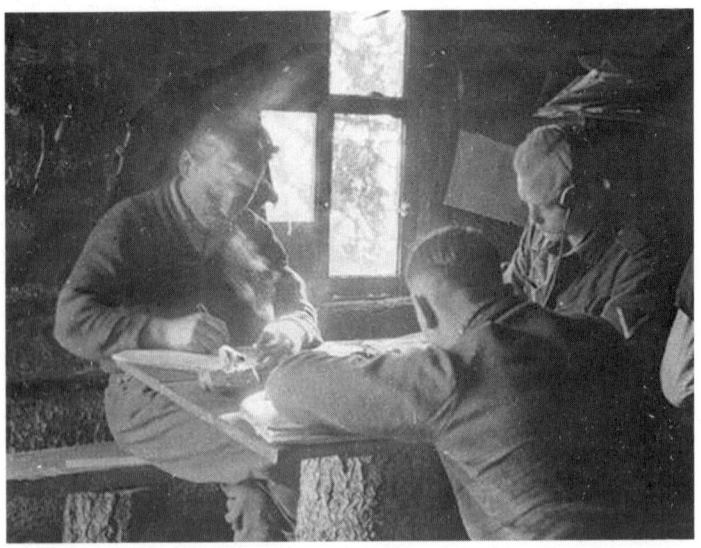

Im Bunker auf „Höhe 8" in Finnisch-Lappland.

den sägten und hackten. Außen am kleinen Fenster hatten
wir ein Brett angebracht und Brotkrümel für Vögel ausgelegt. Fast täglich erschien da auch eine kleine Maus und nasch-
te von den Bröseln und den Wurstpellen, die wir extra für sie
hingelegt hatten. Die Maus kam, bediente sich mit fixen Freß-
bewegungen und huschte davon. Wir tauften sie auf den Namen „Marika" nach der Filmschauspielerin und Tänzerin Marika Rökk. Wir fanden, daß die Maus die gleichen Knopfaugen
und einen ebenso glasig-verzückten Blick hatte wie sie.

Kurz vor Weihnachten hatten wir einen neuen Mitbewoh-
ner bekommen. Leutnant W. von der Funkzentrale kam mit
Stahlhelm, Ruck- und Schlafsack und erklärte, er sei zu uns
abgestellt worden zwecks „Frontbewährung". – Dabei war
die Front weit weg hinterm Berg, und die paar Artilleriegra-
naten der Russen trafen in dem uneinsichtigen Waldgelände
so gut wie nie einen unserer weit auseinanderliegenden Bunker. Aber das hallte laut in der Polarnacht. – Als eines Abends
die Russen wieder schossen, befahl W. mit angstbleichem
Gesicht: „Stahlhelm auf! Raus! Folgen Sie mir!"

Hinterm Bunker hätten wir den besten Schutz, behauptete er. Da standen wir dann eine Stunde draußen und bibber-
ten bei zehn Grad minus. Das hatten wir noch nie getan. Im
Bunker fühlten wir uns sicher, nur ein Volltreffer konnte da
gefährlich werden. Draußen bestand die viel größere Gefahr,
von Granatsplittern getroffen zu werden. W. merkte wohl,
was wir von seinem Verhalten hielten.

Bei Beginn der Ballerei am nächsten Abend stülpte W. sich
den „Blechhut" auf, machte eine wegwerfende Handbewegung
zu uns hin und ging wortlos raus. Von da an verschwand er
meist schon vor den Abendgrüßen der Russen mit der Bemerkung, er habe im Offiziersbunker weiter unten am Hang eine
dringende Besprechung mit den Herren. Deren Bunker war
mit einem Wall aus Felssteinen besser gesichert als unser. Das
Verhalten uns gegenüber schwankte zwischen Kumpel und
Vorgesetztem. In unserer engen Behausung auf „Tuchfüh-

Winter 1941/42.
Ein Landser auf
Wache auf „Höhe 8".

lung" mit ihm zu leben, war nicht unproblematisch. Immer
mal wieder drehte er an dem Frequenzknopf unseres Emp-
fängers, bis er BBC erwischte, den englischen „Feindsender"
mit dem „Dongdongdong-Rufzeichen". Etwas für uns quasi
bei Todesstrafe Verbotenes. Er dürfe das als Offizier, müsse
sich informieren über die Weltlage und was die Gegenseite
denke, erklärte er. Wir taten so, als glaubten wir ihm.

Am Tag vor Heiligabend machten Erwin und ich uns mit
Skiern und Rucksäcken auf den Weg zur Funkzentrale, um
die uns als Polarzulage zugesagte Weihnachts-Extrazutei-
lung an hochprozentigen Schnäpsen abzuholen. Gleichzeitig gingen unsere beiden anderen Kumpel los, um im Wald
Holz zu schlagen. Leutnant W. legte seine Pistole auf den
Tisch und bemerkte forsch, er werde die Stellung halten. Als

wir alle zurückkamen, grinste er uns schief an und näselte: „Hinter die Bunkerecke habe ich mich gestellt und gelauert. Als sie kam, schoß ich, traf die Maus mit einem einzigen Pistolenschuß. Toll, was?!"

Nee, das fanden wir garnicht toll. Der Mann hatte kein Herz für Mäuse. Der Leutnant verließ uns dann bald. Wir machten Grimassen hinter ihm her, dem Marika-Mörder. Später, als wir zur Funkzentrale zurückkamen, sahen wir, seine „Frontbewährung" bei uns – ein Mausabschuß! – war honoriert worden: W. trug im Knopfloch das rotweiße Bändchen des EK II.

Heiligabend kam. Einen Weihnachtsbaum brauchten wir nicht, die standen in voller Pracht rund um den Bunker. Kerzen fanden sich in den Weihnachtspäckchen. Diese Päckchen von zu Hause waren ein Geschenk des Himmels. Nach wochenlangem Transport über dreitausend Kilometer mit Eisenbahn, Schiff, wieder Eisenbahn und schließlich auf Pferderücken waren sie zu uns gekommen. Mochten die Päckchen auch manchmal zerdrückt, die Plätzchen zerbröselt, die neuen Socken vom Schneewasser feucht und das Reclam-Heftchen von der mitgeschickten Wurst fettfleckig sein, jeder freute sich, ein Stück Heimat in der Hand zu halten oder im Mund oder im Magen zu haben. Um den hochkommenden Gedanken zu unterdrücken, ob jeder die Lieben, die das geschickt hatten, je wiedersehen würde, halfen nur noch ein paar Gläser Aquavit. Versuchte dann einer das Lied zu singen, das gut zu unserer Situation paßte: „Leise rieselt der Schnee, still und starr liegt der See", kam er meist nicht weit, weil ihm die Worte im Hals steckenblieben ...

Schließlich endete dann auch hier der Heiligabend mit dem Runterkippen von Schnäpsen am laufenden Band, mit Lallen, Grölen, Rausstürzen aus dem Bunker, mit Erbrechen und Katzenjammer.

(Weitere ZEITGUT-Beiträge dieses Autors sind am Buchende vermerkt.)

[Duingen, Kreis Ahlfeld/Leine, Niedersachsen;
1940 – 1943]

Marlis Haenisch

Ein trauriger Nikolaustag

Sobald es am Nikolaustag dämmrig wurde, ging eine kleine befreundete Gruppe Kinder in ein paar Häuser und sang Weihnachtslieder in der Hoffnung, süße Gaben zu bekommen.

Auch ich schloß mich an, aber wir hatten wenig Glück. Es war Kriegszeit und manche Leute konnten uns nichts geben. Doch daran dachten wir ja heute, am Nikolaustag, nicht. Bekam man in einem Haus kein Geschenk, dann wurde schnell der Vers, den ich von den anderen lernte, aufgesagt:

> *Witten Zwirn –*
> *Watten Zwirn –*
> *Geiz'che Luje*
> *Giv'ni girn!*

Und dann nichts wie fort aus dessen Hausflur! Wir überlegten uns, ob wir auch zum Rektor unserer Schule gehen sollten. Kurz vor seinem Haus gab es zwischen uns ein langes Hin und Her. Mir war es nicht so recht. Ich fand es nicht anständig, behielt es aber für mich und ging schließlich doch mit ins Haus.

Behutsam öffnete jemand von uns die Haustür. Also, verschlossen wurde sie nicht – das bedeutete schon viel. Im großen Flur sangen wir einige Lieder und horchten dann, ob jemand käme. Wir warteten und warteten, aber es rührte sich niemand. Tiefes Schweigen. Jeder hing seinen Gedanken nach. Ich dachte, der Rektor hat wohl vergessen, heute die Tür vor uns Kindern abzuschließen? Oder rechnet er nicht damit, daß wir auch zu ihm kommen?

Wir sangen noch ein Weihnachtslied – aber niemand kam und brachte uns etwas Süßes oder ein paar Äpfel. Das war einem Kind zu viel, und es begann laut zu rufen: „Witten!" – Wir alle fielen sofort mit ein und leierten unseren Vers sehr schnell herunter: ... *Zwirn, Watten Zwirn –*
Geiz'che Luje, giv'ni girn!
Aber jetzt nichts wie weg, Hals über Kopf raus aus dem Haus!

Sehr enttäuscht zogen wir Kinder weiter, aber nicht mehr lange. Es war ein trauriger Nikolaustag geworden. In diesen schlechten Zeiten hatten wir nur sehr wenig bekommen.

Wenn dann Weihnachten herankam, bestand die Vorbereitung auf das Fest für mich – und manchmal auch für meine Schwester Ruth – vor allem darin, in der Wohnstube den gewischten und gebohnerten Linoleumboden nachzureiben. Heute sagt man dazu polieren. Ich zog ein Paar alte, untragbar gewordene Socken an, und dann wurde von der Stubentür Richtung Fenster „geklennert". Hui, das machte Spaß!

Zuletzt war alles spiegelglatt, bis auf eine Stelle, wo ich nicht hinkam. Diese wienerte ich mit einer schweren, unhandlichen Bohnerbürste nach. Meine Mutter hatte nun ihre Freude daran.

Papa, der von Beruf Holzkaufmann war, ging gegen Abend in den Wald, um einen Tannenbaum zu holen. Das war in jedem Jahr eine Ehrensache für ihn. Er suchte immer sehr lange nach dem richtigen Exemplar, weil er ja mit Sachkenntnis ans Werk ging. Niemals schädigte er die Volkswirtschaft. Mein Vater wußte genau, welches Bäumchen stehenbleiben mußte und welches entbehrt werden konnte. Da kam es dann auch mal vor, daß er am späten Abend mit einem etwas schief gewachsenen Baum heimkam, aber das konnte ja beim Schmücken ausgeglichen werden. Das Putzen des Weihnachtsbaumes war Sache meiner Schwester; das ließ sie sich nicht nehmen, und ich durfte ihr noch nicht einmal dabei helfen. Am Ende sah der Baum jedesmal herrlich aus.

Meine Mutter war fleißig in der Küche beschäftigt. Auch ihr durfte ich kaum helfen, weil ja alles ziemlich geheim bleiben mußte. Man konnte dann eben nur riechen, was dort gerade gekocht, gebrutzelt oder gebacken wurde. Wenn sie mir jedoch etwas zum Anziehen nähen wollte, blieb ihr nichts anderes übrig, als bei mir Maß zu nehmen. So hatten wir alle unsere Aufgaben, und bei dem emsigen Treiben verging die Zeit bis zum Heiligabend sehr schnell.

Mein Onkel Paul

Im Jahre 1943 wohnte plötzlich Onkel Paul bei uns. Papa hatte ihn einfach mitgebracht. Mama war davon gar nicht begeistert; bekam sie damit doch jetzt noch mehr zu tun. Aber ich freute mich. Onkel Paul spielte Schifferklavier – einfach so, ohne Noten; und deshalb bewunderte ich ihn. Ab und zu durfte ich probieren. Oh, ließ sich das schwer tragen!

War er nicht zu Hause, nahm ich es heimlich aus dem Kasten und übte das Lied: „Nun ade, du mein lieb' Heimatland", ein Stück, das ich gerne von ihm hörte.

Wollte mein Onkel abends ausgehen, stand er lange vor dem Wandspiegel in der Küche und polierte seinen Goldzahn mit „Sidol". Ich sah ihn selten, und sonntags schlief er bis zum Mittag. Da sich sein Schlafzimmer vor unserem Kinderzimmer befand, ging ich dann sehr leise an seinem Bett vorbei.

Im Sommer ist er zum Schwimmen mit dem Fahrrad durch den Wald zum Königsee gefahren und hat mich einmal mitgenommen. Um ein Haar wäre ich im See ertrunken, weil ich auf dem glitschigen Lehmboden ausgerutscht und in eine tiefe Stelle gefallen war. Ein beherzter Bekannter von Onkel Paul hatte mich jedoch herausgezogen. Im Königsee badete ich nie wieder.

*Familientreffen in Gräfenroda, Kreis Arnstadt in Thüringen, im Jahr
1931. Ganz links im Bild steht mein Onkel Paul.*

Im Sommer hatte mich Onkel Paul auch gelehrt, wie Tabak-
pflanzen gezogen werden. Wir besaßen auf dem Freiland einen großen und einen kleinen Garten. In dem kleinen, der
an einem schattigen Zaun zum Nachbargelände lag, züchte-
te er seinen Tabak; eine Praxis, die damals allgemein üblich
war, weil man Zigaretten – wie alles andere auch – nur selten zu kaufen bekam. Er zeigte mir, wie Tabak gut gepflegt
wird. Bei der Empfindlichkeit dieser Pflanzen war das nicht
einfach. Im Herbst wurden die Tabakblätter vorsichtig ab-
genommen, getrocknet und zerkrümelt. Davon drehten wir
beide in einer kleinen Rolle Zigaretten.

So plötzlich wie mein Onkel Paul zu uns gekommen war,
verschwand er wieder aus unserem Familienleben. Er muß-

te zu den Soldaten. Ich wurde sehr traurig. Zum Abschied gab er mir ein Küßchen.

Später, am Heiligabend, bekam ich ein Hexenhäuschen mit Figuren aus dem Märchen „Hänsel und Gretel". Alles war fein säuberlich aus Sperrholz ausgesägt und bunt be-

Kriegsweihnacht 1943 bei uns zu Hause in Duingen. Meine Eltern, meine Schwester am Klavier und ich. Vor mir steht das Hexenhäuschen, das mein Onkel Paul für mich gebastelt hat.

malt worden. Und an meinem Geburtstag erhielt ich eine Puppenstube mit vielen hübschen kleinen Möbeln. Beide Geschenke hatte mein Onkel Paul für mich heimlich angefertigt. Nur überreichen konnte er sie mir nicht mehr. Erst nach dem Zweiten Weltkrieg sah ich ihn wieder.

[Detmold, Lipper Land, Nordrhein-Westfalen;
Dezember 1942]

Hans Werner Krafft

Ein ganz besonderes Spiel

Die Wochen im Dezember, jene wundersamen Tage vor dem
Christfest, bargen für mich, den Neunjährigen, auch in der
schweren Zeit des letzten Krieges kindlich-unbeschwerte
Vorfreude. Sie waren geprägt von erwartungsvollem, fro-
hem Erleben.

Großmutter und die zwei Großtanten, die in der Nachbarschaft wohnten und beinahe ständig bei uns waren, packten
Pakete und schrieben Briefe, eilig tunkten ihre Schreibfe-
dern wieder und wieder ins Tintenfaß, kratzten über weiße
Bögen und farbige Karten. Die drei beratschlagten und tu-
schelten, rechneten und betrachteten mit ernsten Gesichtern jene bunten, mit Strichen und Zahlen bedruckten Pa-
piere, deren Abschnitte unsere Ernährung nur unzureichend
sicherten. Alle Nahrungsmittel waren streng rationiert, nur
gegen Marken dieser Papierkarten durfte der Händler Lebensmittel, aufs Gramm genau ausgewogen, abgeben.

Drei- oder viermal in diesen vorweihnachtlichen Tagen
aber geschah es dennoch, daß der Postbote klingelte, um ein
Paket von lieben Verwandten abzugeben. Sie alle, diese wohl-
verschnürten, in braunes Packpapier gehüllten Weihnachtspakete, schob Großmutter oben auf den Bücherschrank im
großen Wohnzimmer, erst am Heiligen Abend, beim Schein
der aus Resten selbstgegossenen Baumkerzen, durften sie
geöffnet werden.

Nur das Päckchen von Tante Ruth wurde gleich in der Küche ausgepackt. Tante Ruth war Pastorenfrau, sie unterstützte ihren Mann aktiv in der großen, ländlichen Pfarre, half, wo sie nur konnte, bei den mannigfachen Schwierigkeiten der Gemeindemitglieder in bedrückender Zeit und pflegte guten Kontakt auch zu den vielen Bauern des Kirchspiels. Ihr Weihnachtspaket enthielt immer, so wußten wir aus vergangenen Jahren, neben ein paar netten Kleinigkeiten für Großmutter und die Tanten, neben einem Spielzeug für mich, eine harte Mettwurst, vielleicht ein Stückchen Speck oder Schinken, ein wenig Schmalz, eine Dose mit Kochwurst – Kostbarkeiten in jener Zeit.

Auch in diesem Jahr hatte Großmutter die nahrhaften Gaben entnommen und das Päckchen – nunmehr nur lose in sein Packpapier geschlagen – auf den Bücherschrank geschoben, nicht ahnend, in welch große Versuchung sie mich führte. Das halboffene Paket nämlich ließ mir hinfort keine Ruhe. Was mochte sich unter dem braunroten Papier für mich verbergen?

Waren die anderen Pakete wohlverschnürt, somit sicher vor heimlicher Nachschau, so harrte mit dem Päckchen von Tante Ruth dort oben auf dem Bücherschrank eine riesige Verlockung, eine Anfechtung, der ich kaum gewachsen war.

Wie aber und wann das Geheimnis lüften?

Allein war ich so gut wie nie im Haus, zudem graulte ich mich immer ein wenig in dem holzvertäfelten, aus Kohlenmangel unbenutzten, düsteren Zimmer, dessen schwere Vorhänge stets zugezogen waren. Der Kronleuchter unter der geschnitzten Decke hatte nach und nach alle Glühbirnen für andere Lampen einbüßen müssen – sie galten als kriegswichtiges Gut und waren auch in der Vorweihnachtszeit des Jahres 1942 nicht oder nur sehr schwer zu bekommen.

Schließlich aber, an einem neblig-trüben, späten Nachmittag, kurz vor dem vierten Adventssonntag, hatten die Tanten und Großmutter die weißgrauen Haare mit der Brennschere in ansprechende Wellen gelegt und die Gummigaloschen über die Halbschuhe gestreift. Dann waren sie losgegangen zur kleinen Weihnachtsfeier des Kirchenchores.

Ein wenig zauderte ich, doch die Neugier besiegte die Gewissensnöte und die Angst vor dem düsteren Zimmer. Den Kerzenleuchter in der Hand, stieg ich auf einen Stuhl, holte entschlossen das nur lose eingeschlagene Paket vom Schrank, öffnete es bei Kerzenschein auf dem Fußboden vollends, und – war maßlos enttäuscht.

Wollenes und Besticktes, Gestricktes und Gehäkeltes fand ich für die Tanten und für Großmutter, für mich aber barg das Paket ein Spiel, ein sicherlich schönes Würfelspiel über Flugzeuge des Dritten Reiches. Doch Spiele stapelten sich in meinem Schrank, Würfelspiele, die sich mit Panzern im Wüstensand und Luft- oder Seekriegen beschäftigten; trotz Rohstoffknappheit gefördert von der damaligen Diktatur.

Gelangweilt hob ich den Deckel des Kartons ein wenig an, fand einen bunten Spielplan, farbige Figuren, Würfel und – war plötzlich fasziniert, wie elektrisiert: Auf dem Spielplan lag ein Cellophanumschlag, in dem sich eine mir gänzlich unbekannte, schwarze, krümelige Masse wölbte. Natürlich nahm ich mir nicht die Zeit zum Studium der Anleitung, ein Spiel aber, zu dessen Ausstattung dieses mir völlig fremde schwarze Gekrümel zählte, fürwahr, das mußte ein ganz besonderes Spiel sein!

In den nächsten Tagen dachte ich in der Schule und bei Spiel, Weihnachtsbastelei und Schlittschuhlauf an kaum anderes als an jenes Würfelspiel, zu dem in großem, durchsichtigem Kuvert diese sonderbare krüselige Substanz gehörte, die ich nie zuvor gesehen hatte. Wir diskutierten auf dem Schulhof, in den Pausen, doch keiner meiner Klassenkameraden wußte um ein Würfelspiel, dem der Hersteller nicht nur Würfel und Figuren, sondern auch in glasklarer Tüte eine höchst rätselhafte schwarze Krümelmasse beigepackt hatte.

Mehr noch als sonst zählte ich die Zeit bis zum Fest, längst hatte ich mit meinen Freunden Tage vereinbart, an denen wir nach Weihnachten das Geheimnis jenes Spieles mit dem so außergewöhnlichen Stoff ergründen wollten. Selbst beim Krippenspiel während der Christmette, bei dem ich den Josef spielte, kreisten meine Gedanken um jenes Würfelspiel, das mit so eigenartigen Krümeln in einem Umschlag aus Cellophan ausgestattet war.

Dann war es soweit. Nach dem Gottesdienst hatten wir in der Küche ein wenig gegessen, Großmutter und die Tanten verschwanden sodann im kleinen Wohnzimmer, und ich wartete im Flur auf das Läuten jenes silbernen Glöckchens, das nur einmal im Jahr für wenige Augenblicke in Aktion trat.

Endlich! Das kleine Zimmer erstrahlte im warmen Licht der Kerzen, die Tanten und Großmutter machten feierliche Gesichter und stimmten die schönen alten Lieder an. Natürlich sang ich mit, doch meine Gedanken kreisten – erst heute schäme ich mich! – um jenes Würfelspiel, zu dessen Umfang eine so befremdende Krümelmasse zählte.

Nun nickte Großmutter mir zu – ich durfte auspacken. Sicher war es das schlechte Gewissen, das mich zuerst nach einem anderen Päckchen greifen ließ. Ich fuhrwerkte mit der Schere, hörte artig zu, als Großmutter den langen Brief einer Cousine vorlas, der in dem Paket gelegen hatte, dachte an das Spiel und betrachtete oberflächlich den Pullover, den die Cousine der Tanten mir zugedacht hatte. Dann erst schob ich das braune Packpapier, das jenes absonderliche Würfelspiel umhüllte, beiseite, reichte Großmutter und den Tanten Gestricktes und Besticktes, hörte wiederum geduldig zu, als Tante Ruths Brief, diesmal von Tante Auguste, verlesen wurde und griff endlich zu jenem Würfelspiel, um das in den letzten Tagen meine Gedanken beinahe ununterbrochen gekreist hatten. Wie unschlüssig betrachtete ich den Cellophanumschlag, in dem sich die mir so unbekannte schwarz-krüselige Masse wölbte – gleich würde ich den Spielplan studieren.

Indes – es kam ganz anders. Tante Auguste war es, die auf das durchsichtige Kuvert schaute, mir den Umschlag dann wie selbstverständlich aus der Hand nahm, genau hinsah,

Meine Großtante
Auguste und ich 1939.

ihn öffnete, die Nase hineinhielt und ihn sodann beinahe triumphierend schwenkte: „Wie Ruth das nur immer wieder schafft in diesen schweren Zeiten", sagte sie zu den Schwestern, „jetzt hat sie sogar echten schwarzen Tee besorgen können und ein Tütchen in das Würfelspiel für den Jungen gelegt – ach, wie freue ich mich! Wenn wir haushalten und zweimal aufgießen, reicht der Tee bestimmt für zehn Tassen!"

Rudolf Kyaw

Wo steckt der Rudi?

Die Familie war vollzählig beisammen. Auch meine beiden großen Brüder waren da, darüber freute ich mich ganz besonders. Beide waren Soldaten. Hans hatte 36 Stunden Urlaub bekommen, er diente bei der Kriegsmarine, bei der U-Boot-Waffe, und Hugo, dessen Unterkiefer von einem Granatsplitter verletzt war, wurde kurz vor Weihnachten aus dem Lazarett entlassen.

Ein großer Weihnachtsbaum mit Wachskerzen strahlte im Eßzimmer. Als der Weihnachtsmann klopfte, war ich der Mittelpunkt der Familie. Zwei Lieder und ein Gedicht wurden mir als Preis für die Geschenke abverlangt. So recht glaubte ich mit meinen knapp sechs Jahren nicht mehr an den Weihnachtsmann; aber Angst hatte ich doch, als er mit der Rute drohte und mir das Versprechen abnahm, immer artig zu sein und meiner Mutter, Oma und Anni zu gehorchen. Anni Pieper war mein Kindermädchen und zugleich unsere Haushaltshilfe.

Die Geschenke waren eine Wucht: Soldaten und eine Blechkanone, die man mit Knallerbsen oder Ähnlichem laden konnte; eine Burg mit Rittern und Pferden. Und ein großer Kreuzer, der Aufbauten und Kanonen aus Holz hatte; dazu ein Torpedoboot, das mittels einer Spannfeder einen Holzbolzen als Torpedo abschießen konnte. Wenn man an dem Kreuzer die markierte Stelle richtig traf, flogen alle Aufbauten

Winter 1942/43. Wegen der zunehmenden Bombenangriffe auf deutsche Großstädte schickten die Enkel der Familie Rönfranz ihre Kinder nach Großchristinenberg, Kreis Naugard, in Pommern. Hier war vom Krieg noch nichts zu spüren. Wir, die Urenkel, genossen das Landleben und das gute Essen bei Bauer Otto Rönfranz. Stolz lassen wir uns mit unserem Schneemann im Hof fotografieren. Ich bin der Fünfte von links auf dem Schlitten. Im Hintergrund ist die Bäuerin zu sehen.

mitsamt den Kanonen in die Luft. Ein Mechanismus mit Feder, ähnlich einer Mausefalle, löste die Spannvorrichtung am Kreuzer und ließ die Teile davonfliegen. Getroffen habe ich das Schiff zweimal, aber zusammensetzen konnte ich es noch nicht. Die Spannfedern waren viel zu kräftig. Hans und Hugo halfen mir dabei, sie erklärten mir geduldig die Funktionsweise und hatten ihren Spaß daran. –

Ich beneidete meine beiden Brüder. Sie waren an der Front. Die Erwachsenen sprachen immer von der Front. Das Wort Front hatte für mich etwas Faszinierendes. Da gab es Schlachten, Helden, Heldentote und wichtige Kämpfe mit den Feinden des Deutschen Reiches. –

Hans und Hugo hatten genug Geduld mit mir bewiesen, sie zogen sich zurück und wollten sich in Ruhe unterhalten. Schließlich sahen sie sich nur selten. Voller Begeisterung wollte ich aber überhaupt nicht mehr aufhören zu spielen und als auch alles gute Zureden nicht half, drohte mein Vater: „Wenn du jetzt nicht hörst und ins Bett gehst, kommt der Weihnachtsmann wieder und nimmt dir alles weg!"

In diesem Moment klingelte es an der Vorsaaltür und meine Mutter rief ins Zimmer: „Der Weihnachtsmann ist wieder da!"

Vor Schreck verkroch ich mich unter dem Eßtisch.

Tatsächlich trat ein Weihnachtsmann in unser Zimmer und fragte: „Wo steckt denn der Rudi?"

Jetzt ist alles aus, dachte ich und stellte mich schützend vor mein Spielzeug. Dann aber bemerkte ich, daß das ein anderer Weihnachtsmann war. Ich schluckte, sagte noch ein Gedicht auf und erhielt als Belohnung dafür einen Beutel mit Nüssen und Bonbons. Darauf wünschte der Weihnachtsmann allen ein gesegnetes Fest und ging wieder.

Mein Gott, hatte ich einen Schreck bekommen!

Anni schnappte mich und – marsch! – ging es in die Federn.

Als ich viele Jahre später meiner Mutter davon erzählte, klärte sie die Geschichte auf. Herr Gebauer, der mit seiner Familie über uns wohnte, hatte mir als Weihnachtsmann eine Freude bereiten wollen.

[Hohenschöpping/Havel bei Velten – Stolpe –
Henningsdorf, Land Brandenburg;
1942]

Hildegard Bildt

Weihnachtsbrote

Der Fluß vor unserem Haus in Hohenschöpping war zugefroren, wir konnten hinüberlaufen. Dadurch blieb uns viel
Zeit erspart, denn wir mußten zweimal in der Woche Brot an
das andere Ufer der Havel schaffen. Mutter Schenken fuhr
es dann mit ihrem Brotwagen, den ein klappriger Schimmel
zog, in das Dorf Stolpe.

Unsere Brotfrau, eine Witwe, deren Mann im Ersten Weltkrieg gefallen war, hatte sechs Kinder allein großziehen müssen. Sie wohnte in einer Kate am Ende von Stolpe. Weil die
Erträge des kleinen Anwesens nicht ausreichten, um alle zu
ernähren, hatte sie früher noch auf dem Stolper Gut arbeiten
müssen. Aber seit die Kinder aus dem Haus waren, fuhr sie
nur noch für uns das Brot aus. Mein Vater gab ihr sechs Mark
pro Fahrt. Dreimal in der Woche lieferten wir unser Brot auch
nach Velten. Wenn ich Ferien hatte, fuhr ich immer mit und
half Brot austragen. Für Frau Schenk verluden wir es im Sommer auf unseren Fährkahn, mit dem wir sonst die Ausflügler
übersetzten. Im Winter zogen wir es, in Körbe verpackt, mit
dem Handschlitten über das Eis.

In jedem Winter war es spannend, wenn mein Vater aus-
probierte, ob das Eis hielt. Wir sahen vom Ufer aus zu. Er
ging immer an derselben Stelle hinüber. Jedesmal hatte er
einen dicken, schweren Stock bei sich und klopfte damit jeden Schritt vorsichtig ab. Wenn er ungefähr in der Mitte des

Das Foto zeigt meine Schwester Elfriede auf unserem Fährkahn.
Auf den Bänken sind die Brote ausgelegt. Mutter Schenken wartet
am anderen Ufer der Havel auf uns.

Flusses war, schlug er mit dem Beil ein Loch in das Eis, um
zu sehen, wie dick es hier war. Am Rande hatte es uns schon
lange getragen, aber in der Mitte behinderte die Strömung
das Zufrieren. Ich hatte einmal die untere Seite einer Eis-
scholle gesehen. Sie war nicht glatt wie die obere, der untere Teil war von schlängelnden Rillen durchzogen. Papa
steckte einen Ast, den er mitgenommen hatte, in das Loch,

damit keiner aus Versehen hineintrat, und ging weiter. Es war also dick genug. Nun gingen auch wir hinüber und traten dabei in Papas Fußstapfen. Es war doch ein bißchen unheimlich, mitten auf dem Fluß zu stehen und zu wissen, daß unter uns das Wasser floß. Ein Stück weiter stromabwärts, wo ein Seitenarm der Havel abgeht, war der Fluß noch nicht zugefroren. Wahrscheinlich lag es an der Strömung. Schwäne, Enten und Taucher drängten sich auf dem offenen Wasser zusammen.

„Ihr geht nirgends woanders rüber, nur an dieser Stelle", schärfte uns unser Vater ein. Wir versprachen es.

Schlimm war es, wenn das Eis noch nicht hielt. Dann mußte durchgeeist werden. Das war eine schwere Arbeit, denn am Rand war es dick. Mein Vater schlug oder sägte den festgefrorenen Kahn aus dem Eis heraus. Meine Schwester Elfriede und ich mußten tüchtig schaukeln, damit er sich löste. Mit einem schweren Holzkloben, den er an einem dicken Stiel verkeilt hatte, schlug Vater vor dem Kahn Eisstücke ab. Ich mußte sie mit einem Bootshaken rechts und links unter das Eis schieben, so daß eine Rinne frei wurde. Meine Schwester schob mit der Stakstange den Kahn vorwärts. Die Stange wurde dabei immer dicker, denn das Wasser fror beim Herausziehen gleich an. Zuletzt lagen mehrere Eisschichten übereinander. Dadurch wurde die an sich schon schwere Stange noch schwerer. Wenn mein Vater die Eisstücke abschlug, spritzte das Wasser umher. Ich versteckte mich hinter seinem Rücken, so daß ich nichts abbekam. Aber er selber wurde ganz naß. Das Wasser gefror, und bald steckte er in einem richtigen Eisanzug. Wenn Vater sich nach dem Durcheisen trockene Sachen anzog, mußten wir ihm beim Ausziehen helfen. Aus der Jacke kam er allein heraus. Aber bei der steifen Hose war es schwierig. Es sah danach zu komisch aus, wenn sie allein in der Stube stand!

Wir hätten die Hose ja an den heißen Kachelofen hängen können, aber es war viel lustiger zu beobachten, wie sie im

Stehen langsam auftaute. Meine Schwester Elfriede und ich
wetteten, welches Bein zuerst einknicken würde, ob nach
vorn, nach hinten oder zur Seite. Manchmal drehte sich die
Hose um die eigene Achse, bis sie schlapp am Boden lag.

1936 verpachteten meine Eltern unser Gasthaus „Zum weißen Schwan" an meinen Onkel. Eigentlich hatten sie auch
die dazugehörige Bäckerei an ihn abgeben wollen. Doch dazu
erteilten die Behörden keine Genehmigung, denn der Onkel
war kein gelernter Bäcker; er hatte bisher als Schlosser in
der AEG in Hennigsdorf gearbeitet. Um Gastwirt zu werden, genügte der Nachweis, daß er bei uns sonntags und an
besonderen Geschäftstagen wie Himmelfahrt und Pfingsten
ausgeholfen hatte. Schon früher, als die Eltern noch das Gasthaus an der Havel selbst führten, war ab und an von Vater
erwogen worden, das Brotbacken aufzugeben. Die Einnah-
men aus der Gast- und Landwirtschaft und von der Fähre
hätten ausgereicht, um die Familie zu ernähren. Nach einer
anstrengenden Nacht, wenn die Dampfer der Mondschein-
fahrten erst beim Morgengrauen ablegten, gleich wieder vor
dem heißen Ofen zu stehen, war gar nicht leicht. Das Brot
für die Gäste und den eigenen Bedarf hätte man in Velten
kaufen können. Aber fremdes Brot essen?

Unmöglich! Das ging gegen Papas Ehre. Er hätte ja nur für
uns backen brauchen, aber dafür war der Backofen wiederum
zu groß. So blieb alles beim Alten, wie es schon bei seinem
Vater und Großvater war, der einst die Schiffer mit selbstge-
backenem Brot und anderen Lebensmitteln versorgt hatte.

Unverdrossen buk Papa Jahr um Jahr weiterhin Brot –
und nun war das ein großes Glück für uns!

Seit Kriegsbeginn war es wie alle anderen Lebensmittel
rationiert, aber wir brauchten es nicht einzuteilen, wir hatten immer genug Brot zu essen. Es war gut ausgebackenes,
kräftiges Landbrot. Von dem „Fußmehl", das täglich beim
Säubern der Backstube zusammengefegt wurde, fütterten

wir noch ein paar Gänse. Papa hatte gestern eine geschlachtet. Morgen, am ersten Weihnachtsfeiertag des Kriegsjahrs 1942, würde es Gänsebraten geben!

Am Morgen dieses Heiligen Abends war Vater schon früh in die Backstube gegangen; das Brot mußte für die Feiertage gebacken und in die Stadt gefahren und auch Mutter Schenken beliefert werden. Elfriede und ich hatten den Auftrag, vom Fenster unserer Wohnung aus das jenseitige Ufer zu beobachten. Sobald Frau Schenks Gefährt in Sicht käme, sollten wir sofort das Brot zu ihr bringen. „Laßt die alte Frau ja nicht warten!", hatte Vater mahnend gesagt.

Die Fenster waren zugefroren. Es war schade um das schöne weiße Farnkrautmuster, das ich zerstören mußte, um mir ein Guckloch zu schaffen. Ich kratzte mit dem Fingernagel und hauchte eine Stelle frei, die einigermaßen in das weiße Eisblumengemälde paßte. Unsere Brotfrau war noch nicht zu sehen.

„Bis sie kommt, schmücken wir den Baum", schlug ich vor. Papa hatte schon vor einigen Tagen aus dem nahen Wald eine Kiefer geholt. Noch nie hatten wir eine Fichte oder Tanne als Weihnachtsbaum gehabt. Die wuchsen in unserer Gegend nicht. Und einen Baum zu kaufen, wäre Vater nie eingefallen. „Kiefern sehen viel schöner aus", behauptete er, „und außerdem nadeln sie nicht so schnell."

Gestern hatte er den Baum in den Weihnachtsständer eingepaßt, den Stiel zurechtgestutzt und an der einen Seite einen kleinen Holzkeil eingeschlagen, damit der Baum senkrecht stand. Der Ständer war schmiedeeiserne Handarbeit. „Ehre sei Gott in der Höhe und Friede auf Erden", war darauf in verschnörkelten Buchstaben zu lesen.

Aber es war kein Friede. Es war Krieg, schon das dritte Jahr. Meine Schwester war seit einem halben Jahr beim Arbeitsdienst. Zu Weihnachten hatte sie Urlaub bekommen. Ich beneidete sie um die Uniform, um die Brosche mit dem Runenzeichen und besonders um die braunen Schaftstiefel. Ich

war 15, in drei Jahren würde ich sicher auch zum Arbeitsdienst eingezogen werden. Ich freute mich schon jetzt darauf.

Seit wir unser Gasthaus nicht mehr selbst führten, feierten wir Weihnachten oben in der guten Stube. Ich wollte
die Weihnachtslieder spielen und hatte mir die Noten dafür schon herausgesucht und auf das Klavier gelegt. „Süßer die Glocken nie klingen" war mein Lieblingslied. An
der Stelle „...ist, als ob Engelein singen" waren die anderen
beim Weihnachtssingen immer kaum zu hören, weil sie fürch-
teten, den eine Octave höher liegenden Ton nicht richtig zu
treffen. Dafür sang ich dann um so lauter, um zu beweisen,
daß mir das hohe F gelang.

Nun wollten wir den Baum herrichten. Der Weihnachtsbaum, bis an die Decke reichend, stand immer in derselben
Ecke. Elfriede kletterte auf einen Stuhl, und ich reichte ihr
die Kugeln zu. Voller Vorfreude waren wir bei der Sache. Zum
Schluß schmückten wir den Baum noch mit Lametta. Unseren Auftrag hatten wir völlig vergessen. Als er mir wieder
einfiel, war das Guckloch zugefroren. Es dauerte eine Weile,
bis ich es aufgetaut hatte. Der Brotwagen war schon da!

Hastig zogen wir Mantel und Handschuhe an, banden die
warmen Kopftücher um und stürmten die Treppe hinunter.
Vater rief schon nach uns, er war ärgerlich.

Kleinlaut zogen wir mit unserer Brotladung los; wir rannten, um die versäumte Zeit wieder aufzuholen. Da war es auch
schon passiert, am Uferhang kippte unser Schlitten um. Zum
Glück waren die Brote im Korb so dicht aneinandergestellt,
so daß sie nicht herausfielen. Wir stellten den Korb wieder
auf den Schlitten, der Schnee an den Broten schmolz gleich,
sie waren noch heiß. Wir gingen nun vorsichtig über das buck-
lige Eis, in dem bis zum ganz starken Frost Eisbrecher eine
Fahrrinne offenhielten. Die Eisschollen froren aber immer wieder zusammen. Nur in Ufernähe war das Eis glatt.

„Na, ihr habt euch wohl nicht vom warmen Ofen trennen können?", meinte Frau Schenk gutmütig, während sie

die Brote in ihrem Wagen verstaute. Mutter Schenken trug
an diesem kalten Tag keinen Mantel. Über den knöchellan-
gen wollenen, dunklen Rock hatte sie eine graue, verwa-
schene Leinenschürze gebunden. Ihre derbe Jacke reichte
ihr bis über die Hüften. Ein warmes Wolltuch, das bis auf
die Schultern fiel, umrahmte ihr runzeliges Gesicht. Wir
reichten ihr die Brote zu und zählten laut die Stückzahl
vor. Zum Schluß gab sie uns das Geld und die Marken von
der letzten Brotlieferung.

Meine Schwester und ich hatten schon mehrere Körbe voll
Brot über das Eis gezogen, da hörten wir ein entferntes Krachen. Das war nichts Besonderes, bei starkem Frost hörten
wir dieses Bersten oft, und wir achteten nicht weiter darauf.
Wenn der Wasserstand fiel, brach die Eisdecke am Uferrand
auf und senkte sich, das hörte sich schaurig an, und es bilde-
te sich eine richtige Eisstufe. Das Krachen wurde lauter, kam
näher, es würde doch nicht etwa ..?

Wir sahen nach beiden Seiten, aber es war nichts zu erkennen. Stromaufwärts hatten wir keine weite Sicht, die Havel macht da einen Bogen. Doch was war das?

Langsam schob sich ein Schiff über die weiße Fläche.
Schwarz und drohend ragte der hohe Bug über das Eis, das
unter seinem mächtigen Rumpf in Stücke brach. Wir rannten
zurück und riefen: „Papa, der Eisbrecher kommt!"

Vater war in der Backstube. Er warf sich seine Jacke über
und lief barfuß in Holzpantinen mit uns hinaus.

„Lauf ihm entgegen, winke, vielleicht hält er an!"

Das war an mich gerichtet. Ich riß mein Kopftuch herunter und schwenkte es wie eine Fahne. „Halt, so haltet doch
an! Wir brauchen das Eis, das Brot muß rüber – haaalt!"

Ich schrie so laut ich konnte, aber die gleichmäßig stamp-
fende Maschine war lauter. Rufend und winkend lief ich in
einiger Entfernung immer neben dem Schiff her.

Sie mußten uns doch sehen! Warum stoppte der Schiffs-
führer nicht?

Ein paar Minuten Wartezeit würden uns ja genügen. Wären wir doch nur rechtzeitig heruntergekommen!

Nur noch wenige Meter blieben bis zu unserem Übergang, und es wurde klar, daß die Fahrt des Eisbrechers nicht aufzuhalten war. Mein Vater, der unterdessen am jenseitigen Ufer Mutter Schenken geholfen hatte, das Brot zu verladen, konnte gerade noch vor dem Schiff auf unsere Seite springen. Meine Schwester schaffte es nicht mehr. Sie war hingefallen und unser Rodelschlitten am Ast einer Weide hängengeblieben. Ratlos standen wir uns gegenüber, getrennt durch eine breite Wasserrinne. Dicke Eisschollen tanzten auf dem dunkel sprudelnden Wasser. Ich wunderte mich, wie schnell es floß. Mir fiel das Lied von den Königskindern ein: „Sie konnten zusammen nicht kommen, das Wasser war viel zu tief ...“

Unwillkürlich hatte ich es laut gesagt.

„Wegen eurer Bummelei sitzen wir jetzt fest, und du machst dich auch noch lustig darüber!“

Mein Vater sah mich strafend an. „Ja, was machen wir nun? Den Fährkahn loseisen würde zu lange dauern, ich muß in die Backstube, es ist noch Brot im Ofen.“

Dann rief er hinüber zu Elfriede und Mutter Schenken: „Wir müssen nach Hennigsdorf, ihr trefft euch auf der Brükke, fahrt schon los!“ Und zu mir gewandt: „Du mußt allein fahren, mit dem Schlitten bist du schneller.“

Mit dem Pferdeschlitten fahren, fein, freute ich mich. Allerdings war ich ganz allein noch nie gefahren, obwohl ich schon oft die Zügel gehalten hatte, wenn ich Vater begleiten durfte. Mein Vater holte unser Pferd Lotte aus dem Stall und spannte es an, ich hatte inzwischen die Brote verpackt. An der Kreuzung steigst du ab und führst Lotte hinüber!“, ermahnte er mich noch, bevor er wieder in die Backstube ging.

„Hü, Lotte, hü!“

Unser Pferd war schon alt; mit seinen 20 Jahren brauchte es eine Weile, bis es in einen leichten Trab fiel. Hell klangen

Meine Schwester Elfriede und ich fuhren gern mit unserem Pferdeschlitten, vor den Vater unsere Lotte gespannt hatte. Im Winter diente er auch zum Brotausfahren. Das Bild wurde 1939 vor unserem Haus in Hohenschöpping bei Velten aufgenommen.

die Glöckchen am Kummetgeschirr. Im Wald war es still, auf den Kiefern glitzerte der Schnee – war das schön!
Rauhreif hatte die Sträucher verwandelt. In der Morgensonne glänzten sie, als wären sie mit unzähligen Diamanten besetzt. Die Birke, der wilde Pflaumenbaum, der Brombeerstrauch – alle waren sie zu Kunstwerken in silberner Filigranarbeit geworden. Der Wald schien mir verzaubert, ein Märchenwald! Und ich war die Eisprinzessin, die in ihrem goldenen Schlitten, von sechs prächtigen Rappen gezogen, zu ihrem Prinzen fuhr.

Doch da kam schon die Kreuzung und mein Märchenwald war zu Ende. Lotte bog nach rechts ein, obwohl ich am linken Zügel zog. Jahrelang war sie es gewohnt, an dieser Stelle rechtsherum nach Velten zu gehen. Ich stieg ab und mußte kräftig an ihrem Halfter ziehen, sonst wäre sie stehengeblieben. Lotte wollte nicht die Hauptstraße entlang, denn da war gestreut, der Sand unter den Kufen knirschte und bremste. Wieder auf dem Schlitten, mußte ich an der äußersten Straßenseite fahren, um nicht auf den Sand zu kommen. Dabei fürchtete ich immer, mein Gefährt könnte die Chausseebäume streifen. Und bis zur Brücke waren es noch vier Kilometer!

Immer wieder blieb Lotte stehen. Ich führte sie mehr, als daß ich auf dem Schlitten saß, und mir wurde warm. Zuerst band ich mein Kopftuch ab, dann meinen Schal und zu guter Letzt knöpfte ich meinen Mantel auf. Er war noch neu, ich hatte ihn erst im vergangenen Winter bekommen. Herr Eichler, der im Sommer stets eine Kammer unseres Gasthauses mietete, hatte ihn angefertigt. Er war Schneider; seine Firma nähte seit Kriegsbeginn nur noch Uniformen für die Wehrmacht. Ab und zu brachte er uns Stoffe und Stoffreste mit, die alle dunkel waren – schwarz, grau, blau, grünlich. Das tat er nicht aus lauter Freundlichkeit. Mutti gab ihm dafür ein Huhn, eine Gans, Brot, Eier oder andere Lebensmittel. Mein Mantel hatte einen Kragen aus Kaninchenfell, die Taschen und der Saum waren ebenfalls mit Fell besetzt. Daß der Stoff eigentlich für einen Panzersoldaten bestimmt gewesen war, konnte man nicht mehr sehen.

An jeder Kreuzung mußte ich mein unwilliges Pferd hinüberziehen. In Velten lief es allein, aber in Hennigsdorf war ihm alles fremd und beim kleinsten Hindernis blieb es stehen. Na ja, Lotte war eben schon alt. Papa hatte in die Hufeisen Stollen geschraubt, damit sie auf vereisten Straßen nicht ausrutschte. Im Wald und auf den Nebenstraßen lief sie gut damit, aber hier waren sie hinderlich. Es sah aus, als hätte Lotte hochhackige Schuhe an, ungeschickt stakste sie einher. Mir kam die Fahrt durch Hennigsdorf schier endlos vor; auch hier lief ich mehr nebenher, als ich auf dem Schlitten saß.

Naßgeschwitzt kam ich auf der Brücke an. Meine Schwester und Frau Schenk waren schon da. Die wendete ihren Brotwagen und öffnete die Rücktür. Ein köstlich warmer Duft strömte heraus. Nun konnte ich ihr auch endlich die restlichen fünfzehn Brote geben. Sie verschloß die Tür, kletterte vorn auf den Sitz und fuhr los. Hinter der Brücke bog sie in den Stolper Waldweg ein, schwerfällig drehten sich die Räder im hohen Schnee.

Für Elfriede und mich wurde es höchste Zeit für die Heimfahrt, unsere Eltern waren sicherlich schon in Sorge um uns. Wieviel Aufregung hatte es diesmal gegeben, bis endlich der Weihnachtsabend herangekommen war!

Auf dem Gabentisch lagen für Elfriede und mich neue Kleider. Sie waren aus grauem Wollstoff, wie ihn die Soldaten der Luftwaffe trugen, aber mit roten Knöpfen besetzt und durch rote Gürtel komplettiert. Das schmückte sehr und machte den tristen Stoff gleich viel freundlicher. Die Lichter am Baum strahlten, die Kugeln schimmerten, ich saß am Klavier und spielte mein Lieblingslied: „Süßer die Glocken nie klingen, als zu der Weihnachtszeit ...“

Aus: Hildegard Bildt, „Das Gasthaus zum Weißen Schwan. Band 1“,
Becker Verlag Velten 1994.

[Hohenschöpping bei Velten – Stolpe –
Henningsdorf, Brandenburg;
1943]

Hildegard Bildt

Brot, Senorita!

Unser alter Bäckergeselle war im Frühjahr 1941 eingezogen
worden und bald darauf gefallen. Meine Schwester war im
Arbeitsdienst, ich mußte in die Schule und Mutter war zu
krank, um Papa helfen zu können. Beim Bürgermeister be-
mühte sich Vater um eine Arbeitskraft, und ihm wurde ein
französischer Kriegsgefangener zugeteilt. So kam Michel zu
uns. Er war mittelgroß und hatte eine kräftige Figur. Sein
Alter schätzte ich auf 55 Jahre. Seine Haare waren kurz ge-
schnitten und blond. Er hatte starke Backenknochen und
eine etwas vorstehende Stirn. Über seinen blauen Augen
wölbten sich buschige Brauen.

Als Michel das erste Mal in unsere Backstube trat, machte er ein erstauntes Gesicht: Das sollte eine Bäckerei sein?
Sicher hatte er in Frankreich in einem modernen Betrieb
mit Maschinen gearbeitet. Bei uns gab es keine. Der Teig
wurde im Holztrog mit der Hand geknetet, der Backofen war
alt. Die Großeltern hatten schon im vorigen Jahrhundert darin Brot gebacken. Er sah aus wie der aus dem Märchen von
Hans und Gretel.

Michel arbeitete nicht nur mit Vater in der Bäckerei, sondern fuhr auch unser Brot aus. Ich kam immer gern mit,
jetzt in der Weihnachtszeit aber ganz besonders. Die Menschen waren dann großzügig, sie gaben mir ein paar Groschen
mehr und am Heiligen Abend sogar Süßigkeiten.

Heute, am Heiligen Abend, hatten wir unsere Tour fast beendet. Michel wollte den von unserem alten Pferd Lotte gezogenen Schlitten vor einem Wohnblock anhalten, aber sie blieb von allein stehen, sie kannte sich aus. Müllers waren meine letzten Kunden. „Zwei Brote" stand auf meiner Liste. Ich wickelte sie in Seidenpapier. Papa hatte vor dem Krieg einen großen Vorrat davon eingekauft, der immer noch reichte, um unseren Einzelkunden die Ware darin zu überreichen. Ich klingelte, aber es öffnete niemand. Als ich erneut klingelte, ging die Tür gegenüber auf.

„Müllers sind weggefahren", erklärte die Nachbarin und sah begierig auf meine knusprigen, duftenden Brote. „Ich würde sie gern nehmen, aber ich habe keine Marken mehr", sagte sie bedauernd.

Da war leider nichts zu machen, denn Vater mußte die Marken ja penibel abrechnen. „Frohe Weihnachten", wünschte ich, ging die Treppe hinunter und legte die Brote in den Schlittenkasten zurück.

Wir fuhren weiter und bogen in die Straße ein, in der das Kriegsgefangenenlager der Franzosen lag. Michel wollte sein Verpflegungspaket abliefern, das Mutti ihm mitgegeben hatte. Weil er alltags bei uns aß und dafür seine Lebensmittelkarten ablieferte, hatte er darauf sonntags und jetzt über die Weihnachtsfeiertage ein Recht. Mutti hatte noch ein Weihnachtsgeschenk für ihn eingepackt – selbstgestrickte Handschuhe, etwas Gebäck und Zigaretten, wofür Papa Abschnitte seiner Tabakkarte gespendet hatte; alles hübsch in buntes Papier eingewickelt.

Auch Michel hatte an uns gedacht und für Elfriede und mich ein Geschenk dagelassen. Von einem Kameraden, der in der Ofenfabrik in Velten arbeitete, hatte er eine Kachel mit unseren Monogrammen, umrahmt von Pflanzenornamenten, anfertigen lassen. Eine wunderschöne Kachel mit dunkelgrüner Glasur, die mir sehr gefiel. Noch mehr allerdings hatte ich mich über die Schokolade gefreut, einen gro-

ßen Riegel dicke Blockschokolade, den er auf unserer Brot-
fahrt aus der Tasche gezogen und mir gereicht hatte. Solche
hatte ich zuvor noch nie gesehen. Bei uns gab es früher nur
die dünnen Tafeln, und jetzt überhaupt keine mehr, ledig-
lich Bonbons auf Zuckermarken.

Beim Gefangenenlager angelangt, bot ich Michel an: „Du
kannst hierbleiben, ich kann allein zurückfahren."

„Aber Mama", protestierte er, „ich habe ihr versprochen,
dich nach Hause zu bringen."

„Wozu willst du denn den ganzen Weg nochmal machen?
Außerdem wird es bei diesem Schnee recht beschwerlich mit
dem Fahrrad. Bleib hier. Ich bin doch schon oft allein durch
den Wald gefahren, ich habe keine Angst."

*Winter 1942 an der Havel. Das Foto zeigt meine Schwester Elfriede, in
RAD-Uniform, und Michel, unseren französischen Kriegsgefangenen, an
der Dampferanlegebrücke vor unserem Gasthaus „Zum weißen Schwan".*

Ich wollte ihm zeigen, daß ein deutsches Mädchen Mut hatte. Schließlich willigte er ein.

Die Straßen waren fast leer, in den Geschäften wurden die Jalousien heruntergelassen, als ich nun allein den Rückweg antrat. Mein Pferd trottete gemächlich dahin. Es wurde schnell dunkel, ich zündete die Laterne an. Viel besser konnte ich damit leider auch nicht sehen, denn wir hatten wegen der Verdunkelungsvorschrift die Laternenscheiben mit schwarzem Papier beklebt und nur einen schmalen Schlitz freigelassen. Die wenigen Leute auf den Straßen beeilten sich, nach Hause zu kommen. Auch sie waren kaum zu sehen, nur die Plaketten an ihrer Kleidung leuchteten. Es schien, als schwebten Irrlichter daher.

Nun hörten die Häuser auf und Lotte bog von selbst in die schmale Straße ein, die zu unserem Dorf führte. Hier rutschte der Schlitten leichter als in der Stadt, wo gestreut war und ich mit dem Schlitten die Straßen nur den äußersten Rand benutzen konnte.

Jetzt begann schon der Wald. Da lag Schulzes Försterei. Von hier aus waren es nur noch drei Kilometer nach Hause. Rings um mich herrschte tiefe Finsternis. Auch vom Forsthaus drang kein Licht nach außen. Nun, Förster Schulze war Parteigenosse und mußte auch bei der Verdunkelung mit gutem Beispiel vorangehen. Aber heute würden bestimmt keine Bomber kommen. Überall in der Welt feierten Menschen heute den Heiligen Abend, die Geburt von Jesus Christus vor 1942 Jahren. „Du sollst nicht töten", lautet eins seiner Gebote. Man mußte sich doch wenigstens heute, an seinem Geburtstag, daran halten!

Im Wald war es still. Der Mond kam hinter den Wolken hervor, aber sein Licht drang nicht durch die hohen Bäume. Nur da, wo für die Hochspannungsleitung eine breite Schneise geschlagen war, fiel ein heller Schein auf die Straße. Ab und zu raschelte es, das mochte Schnee sein, der von den Kiefernzweigen herabfiel. Ich wagte nicht, laut zu atmen, es war doch recht unheimlich so allein. Wenn mich jetzt nun jemand überfiel?

Was wurde nicht alles erzählt von den Ausländern, aus der halben Welt hierher geholt, um in Rüstungsbetrieben zu arbeiten. Ich fühlte nach meiner Ledertasche unter dem Mantel. Das viele Geld! Aber noch wichtiger waren die Brotmarken. Jetzt wünschte ich doch, daß Michel neben mir säße, er war stark. Ich bereute schon, daß ich so großspurig gewesen war, versuchte aber, die ängstlichen Gedanken zu verscheuchen. Lotte ging nun etwas schneller, sie spürte wohl, daß wir bald zu Hause sein würden. Papa ist jetzt bestimmt mit seiner Arbeit in der Backstube fertig, dachte ich, und Mutti stellt vielleicht gerade die bunten Teller unter den Weihnachtsbaum.

Endlich war der Hochwald zu Ende, in der niedrigen Schonung wurde es ein wenig heller. Dennoch kamen mir die Sträucher am Wegrand gespenstisch vor. Heute morgen im Rauhreif war alles so schön gewesen, hatten sie im Sonnenschein wie Silber geglitzert. Jetzt war alles ringsum beklemmend und unheimlich. Käme doch endlich die große Birke linkerhand mit dem Brombeerstrauch gegenüber! War sie erreicht, lag die Hälfte des Waldweges hinter mir. Gott, sei Dank, da war die Birke, und dieser Schatten dort rechts, das mußte der Brombeerstrauch sein. Aber nein, so dicht an der Straße stand der doch nicht. Was war es dann?

Jetzt bewegte es sich zur Straßenmitte. Mein Gott, da war jemand! Was sollte ich tun? Umkehren?

Aber der starre Schlitten ließ sich auf der schmalen Straße nicht wenden, und Lotte würde mir bestimmt nicht gehorchen. Ich könnte abspringen und allein zurücklaufen, in der Försterei gab es ein Telefon. Papa würde mich abholen. Doch ich rührte mich nicht. Angestrengt sah ich den Weg entlang. Hatte ich mich getäuscht?

Jetzt war nichts mehr zu sehen. Vielleicht war es nur ein Reh gewesen. In der Stille hörte ich, wie mein Herz klopfte.

Ich wollte nach der Peitsche greifen, aber ich hatte sie gar nicht dabei.

Plötzlich trat jemand aus dem Schatten der Schonung auf den Weg. Mein Pferd blieb vor dem Hindernis stehen. Vor Schreck saß ich wie gelähmt auf der Bank.

„Brot, Senorita, Brot", sagte ein Mann in bittendem Ton, indem er näher an meinen Schlitten herankam. Ich konnte sein Gesicht mit dem schwarzen Schnurrbart sehen. Es war schmal, und wurde von dunklem, vollen Haar gerahmt. Er trug weder Kopfbedeckung noch Mantel. Fror er denn nicht in dem dünnen Anzug?

„Brot, Senorita, Brot", wiederholte er, faßte in seine Hosentasche und zog ein Tuch heraus.

Ich war unfähig, mich zu rühren. Dann trat er auf die Schlittenkufen und legte es mir um die Schultern. Es war ein dünnes Seidentuch und strömte einen süßlichen Parfümgeruch aus. Ich hatte einen dicken, selbstgestrickten Wollschal um. Das dünne Tuch über meinen warmen Wintersachen wirkte grotesk, aber dennoch ließ es für den Bruchteil von Sekunden in mir Bilder von blauem Meer, Palmen und Apfelsinenbäumen aufleuchten. Bekannte hatten uns vor dem Krieg solch eine Ansichtskarte aus Italien geschickt. Ich machte wohl unbewußt eine Bewegung, denn auf einmal war das Tuch von meinen Schultern gerutscht und in den Schnee gefallen. Der Mann hob es auf und legte es neben mich auf die Kutschbank. Langsam wich die Angst von mir und ich begriff, der Italiener wollte mich nicht berauben; er wollte tauschen, das Tuch gegen Brot. Solche Tauschgeschäfte waren streng verboten, deshalb hatte er hier im Wald auf mich gewartet.

Da fiel mir ein, daß ich ja noch die Brote von Müllers dabei hatte. Ich legte die Zügel auf die Bank und stieg ab. Unter der Plane fand ich sie nicht gleich, weil sie nach hinten in eine Ecke gerutscht waren. Als ich die Brote entdeckt hatte, holte ich eins hervor und gab es ihm. Sollte ich ihm das andere auch noch geben? Aber dann griff ich nach einer Tüte mit Keksen, die ich von einem Kunden geschenkt bekommen hatte.

„Danke, Senorita, danke."

Er sagte noch etwas, das ich nicht verstand, vielleicht wünschte er mir frohe Weihnachten; und auch ich sagte, wie ich es heute schon oft gesagt hatte: „Ein frohes und gesundes Weihnachtsfest!"

Dann kletterte ich wieder auf meinen Sitz und Lotte zog an. Über der Kiefernschonung stand hell der Mond.

Sollte ich meinem Vater von dem Italiener erzählen?

Vielleicht würde er gar nicht merken, daß die Brotmarken fehlten. Aber das Geld würde er bestimmt nachzählen. Nun, das konnte ich ja von meinem Taschengeld ersetzen. Über diesen Gedanken war die Zeit vergangen, jetzt bog Lotte schon in unseren Hof ein. Papa stand vor der Haustür.

„Da bist du ja endlich, Mutti macht sich schon Sorgen!"

Er schirrte das Pferd aus, brachte es in den Stall, rieb es mit Stroh ab und gab ihm zu fressen. Das hatte sich unsere alte Lotte redlich verdient. Und für mich, fand ich, war ein frohes Weihnachtsfest in Wärme und Geborgenheit zu Hause nach dieser abenteuerlichen Fahrt so recht die passende Belohnung.

Aus: Hildegard Bildt, „Das Gasthaus zum Weißen Schwan. Band 1",
Becker Verlag Velten 1994.

[Detmold, Lipper Land, Nordrhein-Westfalen;
Heiligabend 1943]

Hans Werner Krafft

„... *sonst keinen Raum in der Herberge*"

Lange, sehr lange ist es her. Damals, während des Krieges,
lebten Großmutter und ich in zwei Zimmern und einer kleinen Kammer. Die anderen Räume unseres schönen Hauses
am Rande der kleinen Stadt hatte das Wohnungsamt beschlagnahmt, sie Ausgebombten und Evakuierten aus den
fernen, großen Ballungsräumen zugewiesen.

Mancherlei Schwierigkeiten mußte Großmutter lösen,
manchen kleinen Streit schlichten, mittags vor allem, wenn
vier oder gar fünf Parteien versuchten, an nur einem Herd
in der Küche ein bescheidenes Mittagsmahl zu richten.

Die winzige Kammer jener Räume, die das Wohnungsamt
uns gelassen hatte, galt zwar als mein Zimmer, doch wieder
und wieder kam es vor, daß ich in Großmutters Zimmer schlafen mußte, in jenem großen Bett, das vor Zeiten, als er noch
lebte, Großvater als Schlafstatt gedient hatte.

Nicht weit entfernt von unserem Haus reckte nämlich der
mächtige Bau einer Kaserne seine Mauern protzig in den
Himmel. Auf naher Wiese erhielten junge Soldaten kurz vor
ihrem Fronteinsatz eine letzte, flüchtige Ausbildung. Kam
dann, zumeist recht kurzfristig, der Befehl zum abendlichen
Abtransport an die mörderische Front, telegrafierten sie ihren Frauen, die, ließen es die Umstände nur irgend zu, ange-
reist kamen aus dem weiten Land. Sie wollten Abschied nehmen in wenigen Stunden von Mann, Bräutigam oder Sohn.

Für die Nacht aber fanden sie keine Bleibe in der fremden Stadt, denn Gasthäuser und Pensionen, Hotels und Fremdenheime waren entweder für militärische Zwecke beschlagnahmt oder überfüllt.

Auf den trostlosen Steinfluren der Kaserne – ich kannte sie recht gut vom alljährlichen „Tag der Wehrmacht" – hatte es sich jedoch herumgesprochen, daß in dem nahen Bruchsteinhaus noch eine kleine Kammer war, und vor allem eine Großmutter, die, wenn nur irgend möglich, half und eine bescheidene Schlafstatt zur Verfügung stellte.

Weihnachten stand vor der Tür, meine winzige Kammer bewohnte ein alter Herr, der seinem Enkel, der in den nächsten Tagen ausrücken mußte, ein wenig Trost zusprechen wollte.

Trotz Krieg und allerlei Not fieberte ich, der Zehnjährige, natürlich dem Heiligen Abend und der Christmette entgegen, spielte ich doch im weihnachtlichen Krippenspiel die Rolle jenes hartherzigen Wirtes, der dem heiligen Paar eine Bleibe verweigert. Immer wieder übte ich meinen Text, schaute ungeduldig auf die große Standuhr und bedrängte Großmutter, sich fertig zu machen. Endlich legte sie die Brennschere in die blauen Flammen des Gasherdes, drückte sodann einige Wellen in das schüttere, schneeweiße Haar, zog das schwarze Jackenkleid und den Mantel an und sicherte den Hut mit der langen Hutnadel. Dann machten wir uns durch den regentrüben Nachmittag auf den Weg zur Kirche.

Nach dem Gottesdienst standen Großmutter und ich unter vielen anderen Menschen auf dem Marktplatz unserer Kleinstadt, lauschten den Bläsern, die hoch oben im dunklen Turm die schönen alten Weihnachtsweisen bliesen und sprachen mit Nachbarn und Bekannten. Hernach tasteten wir uns durch die wegen der Fliegergefahr stockdunklen Straßen heimwärts.

Alsbald indes verdrängten andere Klänge, rauh und laut und keineswegs weihnachtlich, die vertrauten Christfestweisen aus dem Kirchturm. Frivole Lieder waren es, Gesänge von Krieg und Sieg. Aus dem schwarzen Schlund des Kasernentores marschierten Soldaten – singend, nein, keineswegs von Herzen, auf Befehl vielmehr – zum Bahnhof, der Fahrt an die Front entgegen – auch heute, am Heiligen Abend. Einige Frauen standen winkend und schluchzend am dunklen Kasernentor.

Als es wenig später zaghaft an unserer großen Haustür klopfte, zündete Großmutter gerade die aus Wachsresten selbstgefertigten Baumkerzen an, während ich im Flur ungeduldig wartete. Wir öffneten die Tür – draußen standen zwei junge Frauen. Regen trommelte auf ihre Schirme, kalt fuhr der Wind durch den Türspalt.

Bestimmt lehnte Großmutter die leise vorgetragene Bitte ab: „Ein Zimmer? Nein, jedes Bett im Hause ist belegt."

Doch dann zögerte sie, kein Zuschlagen der schweren Tür: „Aber heute ist Weihnachten, kommen Sie erst einmal herein!" Großmutter führte die Fremden in die Küche, stellte ihnen Tassen und die bauchige Kanne mit dem Kaffeeersatzgebräu vom Öfchen hin: „Trinken Sie schon mal was Warmes!"

Dann huschte sie in ihr Schlafzimmer, das sie, des alten Herren wegen, wieder mit mir teilte, bezog die Betten frisch, ordnete dies und jenes, kam dann wieder in die Küche: „So, Ihre Betten sind fertig, aber erst feiern Sie mit uns den Heiligen Abend!"

Die Soldatenfrauen aus der fernen Stadt summten, manchmal von leisem Schluchzen unterbrochen, mit uns die alten Lieder, aßen später gemeinsam mit uns zu Abend. Wir teilten den Heringssalat, das wenige Brot und das aus Pellkartoffeln und Rumaroma, Kakao und Zucker selbstgefertigte Marzipan, schauten still in die unruhig flackernden Kerzen. Wo mochten die fremden Frauen mit ihren Gedanken sein?

Später begaben sich die beiden – gestern einander noch unbekannt, heute Schicksalsgenossinnen – mit einem herzlichen Gutenachtgruß in unserem Schlafzimmer zur Ruhe. In der Frühe des Weihnachtsmorgens wollten sie einen der wenigen, überfüllten Züge für die Heimreise erreichen, an deren rußig-schwarzen Lokomotiven ein greller Schriftzug forderte: „Erst siegen, dann reisen!"

Ach ja, wo Großmutter und ich schliefen in dieser Christnacht 1943?

Nun, Großmutter hatte für mich auf dem Sofa im Wohnzimmer eine Bettstatt gerichtet. Sie selbst verbrachte die Nacht in dem alten Garten-Liegestuhl, zu dem schon lange das Fußteil fehlte. Den Stuhl hatte sie still und heimlich, so daß niemand es sah, zu später Stunde aus dem Gartenhaus geholt und in der Küche aufgestellt.

(Weitere **ZEITGUT***-Beiträge dieses Autors sind im Autorenverzeichnis am Ende des Buches vermerkt.)*

[Danzig, Westpreußen;
1944/45]

Inge-Lore Pilger

Das vergessene Spielzeug

Das Weihnachtfest 1944 stand vor der Tür. Ich war glücklich, daß ich eine Woche früher als geplant aus der Lehrer-
bildungsanstalt in Elbing heim nach Danzig fahren durfte.
Ich konnte nicht ahnen, daß es eine Reise ohne Wiederkehr
sein würde. Niemand hätte sich vorstellen können, was jetzt
alles auf uns zukommen sollte. Damals war ich 17 Jahre alt,
hatte nur die Feiertage zu Hause im Kopf und freute mich
auf das Fest. Dort angekommen, stellte mir meine Mutter
schon bald eine eigenartige Frage: „Willst du nicht deine
Puppe verschenken?"

Zunächst konnte ich gar nicht begreifen, was sie von mir
verlangte. Aber dann erzählte sie mir von Frau K. mit ihren
beiden Töchtern, drei und fünf Jahre alt. Die Kleinen hatten
sich Puppen zu Weihnachten gewünscht, aber in diesen
Kriegszeiten war es der nachbarin nicht gelungen, für jedes
Mädchen ein Puppenkind aufzutreiben. Nur eins hatte sie unter größten Mühen ergattern können. Nun war die Not groß.

Meine alte Babypuppe lag vergessen auf dem Speicher. Sie
war eine einfache Puppe mit aufgemalten Augen und Haa-
ren. Aber ich hatte sie geliebt. Schweren Herzens trennte ich
mich von meinem Lieschen.

In jenen Tagen waren die Frauen mit ihren Kindern allein,
die Väter eingezogen. Also mußte Frau K. die traditionelle
Männerrolle des Weihnachtsmanns übernehmen; und sie lud

meine Mutter, meine Schwester und mich ein, bei der Bescherung ihrer Kinder dabeizusein.

Am Heiligabend verließ Frau K. das Zimmer. Kurze Zeit später klingelte es an der Haustür und der Weihnachtsmann stapfte herein. Meine 15jährige Schwester und ich mußten uns bei seinem Anblick in der ulkigen Verkleidung das Lachen verkneifen. Aber für die beiden Kleinen hatte alles seine Ordnung. Ganz ohne Zweifel war dies der Weihnachtsmann, und die Freude war riesengroß, als er für jedes Kind eine Puppe aus dem Sack holte. Als sich der Weihnachtsmann verabschieden wollte, bedrängten ihn die beiden: „Bitte, warte noch, bis unsere Mutti wieder da ist! Die wird sich freuen, daß du für jede von uns eine Puppe gefunden hast."

Aber da zog sich der „gute Mann" eilends zurück.

Fünf Wochen später mußten wir alle flüchten. Ein Schiff brachte uns nach Schleswig-Holstein. Ab und an hatten meine Eltern noch Kontakt zu der Familie mit den beiden Töchtern, ich aber verlor sie mit den Jahren aus den Augen.

Im Jahr 2007 erfuhr ich zufällig die Adresse der Jüngeren, der ich 1944 meine Puppe überlassen hatte. Es interessierte mich, was aus Lieschen geworden war. Wie erstaunt war ich aber zu hören, daß dem kleinen Mädchen von einst nicht die geringste Erinnerung an eine Puppe geblieben war! Die Mutter, so sagte sie mir, hätte ihren Kindern erzählt, daß sie nie eine Puppe besessen hätten. Das verschlug mir die Sprache; ich konnte es lange gar nicht fassen.

Daran kann man ermessen, wie groß die Aufregung und die Kopflosigkeit damals gewesen sein müssen, daß keiner an das neue Spielzeug der Kinder gedacht hatte.

[Dehnsen bei Alfeld, Niedersachsen – Berlin –
Fangschleuse bei Grünheide, Land Brandenburg –
Dänschenburg bei Rostock, Mecklenburg-Vorpommern;
1945]

Carl Raddatz

Eine schicksalhafte Fahrt im Dezember 1945

Dezember 1945, seit acht Monaten ist der Krieg nun zu Ende.
Vor einem Jahr war ich zu Weihnachten noch zu Hause, in
meiner Heimat in Hinterpommern. Damals in unserem Dörf-
chen Pusitz, Kreis Lauenburg, das Zuhause meiner Familie
über viele Jahrhunderte, ahnte ich, daß Schreckliches geschehen würde. Es war gut, daß ich nicht wissen konnte, wie
unvorstellbar brutal das Ende wurde. Tod und Vertreibung
haben die Sieger – die nach ihren Worten für Gerechtigkeit
und Menschenwürde kämpften – uns Ostdeutschen gebracht.
Die Befürchtungen, die mich Weihnachten 1944 bedrückten,
sind eingetroffen. Was aber ist zu Hause geschehen?
  Diese Frage verfolgt mich am Tage und in der Nacht. Die
quälende Ungewißheit ist nicht mehr zu ertragen. In dieser
verzweifelten Lage reift der Entschluß, die Reise nach Berlin zu Tante und Onkel, zu wagen. Es sind meine einzigen
Verwandten, die westlich der Oder leben. Geld besitze ich
kaum, aber vierzig Rollen Nähgarn. Die habe ich aus dem
Beutelager geklaut, als wir im Salzbergwerk Godenau nach
Beutegut suchen mußten.
  27. November 1945, es ist frostig aber trocken, als ich um
17 Uhr im kleinen Bahnhof Godenau auf das Außentrittbrett
steige und so mit dem überfüllten Personenzug nach Hannover fahre. Die Reise in die Ungewißheit beginnt. Verdammt
kalt ist es auf dem Trittbrett, der Fahrtwind ist eisig. Die Hän-

de sind vor Kälte kaum noch zu spüren, als der Zug in Hannover ankommt. Von hier aus kann ich erst am nächsten Morgen weiterfahren. Im Tiefbunker des Bahnhofs ist es zwar warm, aber der nackte Steinboden, auf dem die Reisenden sitzen oder liegen, ist unbequem. Sie verbringen hier schlafend oder dösend ihre Wartezeiten, tauschen Erfahrungen aus und Schwarzmarktwaren. Woher und wohin wird gefragt, Erkundigungen und Ratschläge werden eingeholt. Ich finde ein kleines Plätzchen, auf dem ich, wenn ich mich krumm mache, ruhen kann. Mein Kopf liegt auf meinem alten, zerschundenen Tornister. Er begleitet mich seit Krems an der Donau. Dort habe ich ihn auf dem zerstörten Güterbahnhof aufgelesen. Seit dieser Zeit ist er mir ein treuer und zweckmäßiger Begleiter. Das Geld und der Entlassungsschein vom Ami befinden sich in meinem extra großen Brustbeutel, auf den ich mich lege. Es darf nichts schiefgehen, keine Panne darf passieren. Als ich nach kurzem Schlaf wieder wach werde, ist es kurz nach 6 Uhr in der Früh.

Heute ist der 28. November. Der Zug fährt in Richtung Oebisfelde, es ist die Grenzstation an der grünen Grenze, die die englische und russische Besatzungszone voneinander trennt. Alle Züge sind in dieser Zeit maßlos überfüllt. Die Reisenden stehen auf den Trittbrettern und den Puffern oder liegen im Fahrtwind auf dem Dach. Es ist eine Völkerwanderung ohnegleichen. Mein Nebenmann auf dem Trittbrett ist ein gestandener Landser von zwanzig Jahren, drei Jahre älter als ich. Er macht das schon zum zweiten Mal. Die Nacht, die wir in Oebisfelde verbringen, ist kurz. In der Morgendämmerung passieren wir die Grenze, zu erkennen an Wachhäuschen, die zum Glück nicht besetzt sind oder noch nicht; denn bevor wir den schützenden Wald verlassen, kommen uns die russischen Grenzsoldaten entgegen. Wir gehen in Deckung und warten, bis sie im Wald verschwunden sind. Wir haben Glück: Fünf Minuten später und wir wären den Grenzposten auf dem freien Feld in die Arme gelaufen!

Die Gefahr, kassiert zu werden und in Sibirien zu landen, ist groß, denn an unserer Kleidung sind wir als ehemalige Soldaten unschwer zu erkennen. Bis Haldensleben schlagen wir uns zu Fuß durch. Streckenweise können wir auch auf Bauernwagen mitfahren. Von hier sind es noch 172 Kilometer bis Berlin. So steht es auf der Fahrkarte, die ich nach Vorlage meines Entlassungsscheines ausgestellt bekomme. Auch hier wieder ein total überfüllter Zug. Wir ergattern jeder einen Platz auf den Puffern zwischen den Waggons. Sie sind nicht nur unbequem, sondern auch gefährlich, aber sie haben den Vorteil, daß wir vor dem frostigen Fahrtwind geschützt sind. In Magdeburg endet der Zug, weil die Brücke über die Elbe zerstört ist. Hier trennen wir uns, mein Kumpel und ich, weil er nach Köthen eine andere Strecke nehmen muß. Über die Behelfsbrücke gelangt man nur mit Autobussen, die wiederum hoffnungslos überfüllt sind. Die Tür des Busses kann nicht mehr geschlossen werden.

Ein Russe kommt, beansprucht seinen Siegerplatz und erklärt: „Deitsche nix Kultura!"

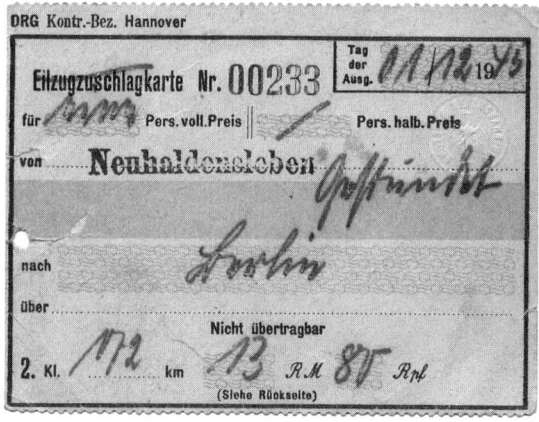

Meine Fahrkarte nach Berlin im Dezember 1945.

Die Fahrt geht zum Bahnhof Biederitz, einem kleinen Personenbahnhof mit anschließendem Güterbahnhof. Die Bahnsteige sind auch hier wieder überfüllt mit wartenden Menschen. Plötzlich sind wir eingekesselt von russischen Soldaten! Verflucht, jetzt auch das noch, jetzt haben sie mich! Geht es ab nach Rußland, oder was?

Zwanzig Männer werden aussortiert und ich bin auch dabei! Sie führen uns auf das nur ein paar Geleise entfernte Kohlenlager, wo wir Kohlen in Waggons schaufeln müssen. Na gut, das ist ja nicht so schlimm, aber was kommt danach?

Als nach etwa einer Stunde ein Personenzug einläuft, bin ich entschlossen zu türmen. Alle Gedanken sind ausgeschaltet, nur der Wachposten und der Fluchtweg existieren. Als der gelangweilte Aufpasser mal kurz austreten muß, hat er soviel „Kultura", daß er dazu für einen Moment hinter einen Waggon geht. Das ist die Gelegenheit zur Flucht. Als ich mich in den wiederum überfüllten Personenzug gezwängt habe, bin ich wieder frei. Der Preis dafür sind ein zerschundenes Knie und eine große, blutende Stoßstelle an der Stirn. Der Fluchtweg unter den Güterwagen hindurch und über den scharfkantigen Schotter war schmerzhaft und hat Spuren hinterlassen. Der Zug fährt nicht nach Berlin, sondern nach Dessau. Das ist mir in diesem Moment egal. Hauptsache, er fährt schnell ab, nur weg!

Als es dann ruckelte und der Zug sich in Bewegung setzt, atme ich erleichtert auf und kann, unterstützt von Mitreisenden, meine Wunden versorgen. In Dessau esse ich den letzten Kanten meines in Wegenstedt eingetauschten Bauernbrotes. Als Nachtplatz dient wieder mein alter Tornister.

Jetzt bin ich im Anhalter Bahnhof in Berlin angelangt. Man sollte besser von einer Bahnhofsruine sprechen. Die Fahrt verlief ohne Schwierigkeiten und recht komfortabel, denn ich hatte sogar einen Stehplatz im Waggon. Wo ist der Schlesische Bahnhof in diesem Trümmerfeld?

Die Ruine des Anhalter Bahnhofs 1951. Von hier aus begab ich mich auf die Suche nach meinen Verwandten.

Dort in der Nähe soll sich der „Braune Weg" befinden. Es sieht hier aus wie in Dresden, aber die Straßenbahnen fahren bereits wieder. Noch vor Einbruch der Dunkelheit stehe ich im „Braunen Weg". Ein Haus steht noch, sonst nur Ruinen. In den Kellern aber ist Leben. In einer Kellerwohnung finde ich bei einer Frau und ihren drei kleinen Kindern vorübergehend Aufnahme und erfahre, daß meine Verwandten ausgebombt sind. Wo sie jetzt wohnen, ist nicht bekannt.

Die Mittagszeit ist vorbei und meine Gastgeberin erklärt sich bereit, mir bei der Suche zu helfen. Als ich bei hereinbrechender Dunkelheit erfolglos zur Kellerwohnung zurückkomme, ist meine Helferin noch nicht zurück. Als sie etwas später erscheint, strahlt sie mich an und sagt: „Ick hab se! Sie wohnen in ihrem Sommerhaus in Fangschleuse. Als ick zurückkam, traf ick unsere Schneiderin. Se näht gerade 'nen Mantel für Ihre Tante. Gestern war se noch bei ihr zum Anpassen."

Nachdem ich einige Rollen Nähgarn als Dankeschön übergeben habe, setze ich meine Reise am nächsten Morgen mit der Straßenbahn fort. Es ist eine mühselige Fahrt mit vielen Unterbrechungen, so daß ich erst nach fünf Stunden in Fangschleuse bei Grünheide ankomme. Ich habe mein Ziel erreicht und bin voller Erwartung. Es ist der 2. Dezember 1945, als ich um die Mittagszeit an der Haustür schelle. Ich höre, wie jemand zur Tür kommt. Es ist der Onkel. Er fragt, ohne die Tür zu öffnen: „Wer ist da?"

„Ich bin Carl Raddatz."

„Komm, Anna, komm, hier ist ein Raddatz!"

Die Tür wird geöffnet, meine Tante umarmt mich ohne ein Wort zu sagen und weint.

„Du bist unser Carl. Ja, wo kommst du denn her? Du bist der erste aus der Verwandtschaft, der sich bisher gemeldet hat. Was weißt du? Komm nur erst einmal herein", sagt der Onkel.

Ich bin zufrieden, daß ich mein Ziel erreicht habe und ausruhen kann. Ich bin aber auch traurig, weil ich keine Aufklärung über das Schicksal meiner Lieben in der Heimat erhalte. Wir haben uns viel zu erzählen, sehr viel. Ich berichte, wie ich mich nach russischer und amerikanischer Kriegsgefangenschaft von Böhmen über Österreich bis nach Niedersachsen durchgeschlagen habe. Ich wollte meiner Heimat Hinterpommern so nahe wie möglich sein, aber ohne in das von den Russen besetzte Gebiet zu geraten. In Dehnsen, einem Dorf, nahe dem kleinen Leinestädtchen Alfeld, war ich Anfang August 1945 hängengeblieben. Im Dorfsaal lebten vierzig Landser, deren Heimat im Osten liegt. Zu ihnen gesellte ich mich. In der Gemeinschaft mit Schicksalsgefährten läßt sich vieles leichter tragen und ertragen. Wir arbeiten bei den englischen Besatzern, für die wir Beutegut zusammen fahren müssen.

Danach dreht sich das Gespräch immer im Kreise: Was mag zu Hause geschehen sein?

Auf diesem Foto aus dem Jahr 1942 bin ich 14 Jahre alt.

Es wird dunkel. Die Tante geht in die Küche und bereitet bei Kerzenlicht das Abendessen zu. Es ist Stromsperre, der Onkel hat eine Petroleumlampe angezündet. Wir betrachten gerade Bilder, als es an der Haustüre klappert.

„Es wird die Post sein, seit einiger Zeit kommt die Post wieder", erklärt der Onkel.

Er geht hinaus und bringt einen Brief herein, legt ihn auf den Tisch und sagt: „Wir haben erstmals Post. Sie ist aber nicht an uns, sondern an Kuhrmans gerichtet. Sie wohnten noch bis vor kurzem hier in unserm Haus."

Ich wiederum denke, wenn die Post nicht mal an euch gerichtet ist, dann ist sie für mich doch uninteressant. Anstandshalber schaue ich aber auf den Brief und zucke zusammen: Das ist doch die Handschrift meiner Mutter!

Alles versinkt um mich herum. Ich drehe den Brief um und lese: *„Martha Raddatz, bei Frau Remer,*
         Dänschenburg bei Rostock."

Sprachlosigkeit, Freude aber auch gleichzeitig eine beklommene Vorahnung: Der Vater lebt nicht mehr. Andernfalls hätte er seiner Schwester geschrieben, wie er es immer zu Hause getan hat. Aber welch eine Fügung, daß sich die Mutter an Kurmanns, einen Neffen des Onkels, und an die Adresse in Fangschleuse erinnert hat. Und welch Wunder, daß der Brief gerade heute hier eingetroffen ist!

Schon am nächsten Tag geht die Fahrt nach Rostock weiter. Ich kann die Ungewißheit nicht ertragen. So schnell wie möglich will ich zu meiner armen Mutter und erfahren, was zu Hause geschehen ist. Abends in Rostock angekommen, ist die Kleinbahn nach Sanitz, einem Nachbarort von Dänschenburg, bereits abgefahren. Es ist frostig und es beginnt dunkel zu werden. Auf der verschneiten Straße werde ich einige Kilometer von einem Bauern, der mit einem Pferdeschlitten unterwegs ist, bis Sanitz mitgenommen.

Durch den Schnee, der die Dunkelheit etwas mildert, stapfe ich weiter nach Dänschenburg. Als ich dort um 23 Uhr ankomme, ist das Dorf in der Dunkelheit nur schemenhaft wahrzunehmen. Es herrscht Stromsperre und die Bewohner haben sich schon zur Ruhe begeben. Nur das fahle Licht einer Handlaterne und der Schatten eines Mannes auf einem Hof lassen erkennen, daß hier Menschen wohnen.

„Guten Abend, bin ich hier in Dänschenburg?", frage ich.

„Ja, aber wo kommen Sie denn her? Es herrscht doch Ausgangssperre", bekomme ich als Antwort.

„Ich suche meine Mutter, sie wohnt bei Frau Remer."

„Was – Sie sind der Sohn von Frau Raddatz?"

„Ja, das bin ich. Können Sie mir helfen? Kennen Sie meine Mutter"?

„Ja, ich arbeite bei Frau Remer."

Im Schein der Laterne führt der Mann mich an das Haus und an das Fenster, hinter dem meine Mutter schläft. Auf das Klopfen an der Scheibe meldet sie sich nicht. Erst als

Frau Remer aufsteht und die Tür öffnet, kann ich meine Mutter im Schein einer Kerze in die Arme nehmen. Beide können wir in dieser Nacht nicht schlafen, zu emotional, ja unheimlich ist das Wiedersehen für uns, besonders aber für die bis eben noch ahnungslose Mutter!

An diesem Abend haben die beiden kleinen Kinder der Frau Remer mit ihr über das nahende Weihnachtsfest gesprochen. All ihre Wünsche haben sie aufgezählt und wünschten sich innig, daß ihre Träume in Erfüllung gehen mögen. Als Mutter dann von der kleinen Christa, die auf ihrem Schoß saß, gefragt wurde, was sie denn zu Weihnachten haben möchte, hat sie geantwortet: „Ich wünsche mir, daß ich meinen Sohn wiederfinde und mit ihm zusammen sein kann."

Nur ein paar Stunden später erfüllte sich ihr Wunsch!

Am zweiten Tag nach unserem Wiedersehen fahren wir mit dem Milchschlitten zur Bahnstation Ribnitz. Es herrscht sehr starker Frost. Bis Stralsund finden wir Platz in einem Personenwagen. Er ist zwar ungeheizt, aber es ist doch erträglich. Von Stralsund bis Berlin müssen wir die weite Strecke im Güterwagen aushalten. Als wir im Stettiner Bahnhof in Berlin ankommen, bemerken wir, daß ein alter Mann auf der Fahrt verstorben ist – erfroren?

Nach einem kurzen Aufenthalt bei Tante und Onkel, fahren wir über Halle in Richtung Westen. Bei Nordhausen gehen wir – wieder in der Nacht – mit ortskundigen Grenzgängern über die Zonengrenze. Als ich mit meiner Mutter in Dehnsen ankomme, ist meine Enttäuschung groß. Das mir zugesagte Zimmer – sollte ich meine Mutter denn wirklich finden, so war es abgesprochen, – steht uns jetzt nur für einige wenige Tage zur Verfügung!

Es sind noch neun Tage bis zum Weihnachtsfest 1945 und wir haben keine Herberge. Werden auch wir mit einem Stall vorliebnehmen müssen?

Es ist erniedrigend, wenn man um eine Unterkunft bitten muß und abgewiesen wird. Wir denken an Frau Remer in Dänschenburg, dort hätten wir bleiben können. Bei unserem Wiedersehen aber waren wir uns beide sofort einig gewesen: Beim „Russen" bleiben wir nicht; denn wir hatten beide böse Erfahrungen mit diesen Siegern gemacht.

Da es mir nicht gelingt, eine Unterkunft für meine Mutter zu finden, bleibt nur der Weg zur Behörde, zum Dorfbürgermeister. Dieser stellt mir eine amtliche Einweisung aus. Aber damit habe ich keinen Erfolg und auch das zweite Schreiben nutzt nichts. Die Macht eines Dorfbürgermeisters ist in dieser Zeit sehr beschränkt. Nachdem nun die beiden ersten Einweisungen erfolglos geblieben sind, schreibt der ratlos gewordene Bürgermeister einen dritten Zuweisungsschein aus und sagt zu mir: „Gehen Sie mal zu Frau Martha Nölle, sie ist Kriegerwitwe und bewohnt mit ihren beiden kleinen Kindern eine kleine Wohnung. Sie ist eine gute und auch leidgeprüfte Frau, ich denke, sie wird ihre Mutter aufnehmen."

Ohne große Hoffnung gehe ich mit dem Zettel zu Frau Nölle und ihren beiden Kindern Irmelind und Werner. Die Überraschung ist vollkommen, als sie mir ein kleines Mansardenzimmer zeigt und entschuldigend sagt, daß es leider doch sehr eng ist. Ich aber bin glücklich, daß ich eine Bleibe für meine Mutter gefunden habe – auch wenn wir weiterhin getrennt sind. Das Zimmer ist zu klein für zwei Betten. So schlafe ich auch weiterhin bei meinen Kameraden im Dorfsaal.

Heiliger Abend 1945

Mutter und ich sitzen in dem kleinen Zimmer. Wir trinken unseren Malzkaffee, den sie auf der kleinen Elektroplatte gekocht hat, und essen dazu eine Scheibe Brot, bestrichen mit Margarine. Ob wir glücklich oder traurig sind, wir wissen es nicht – und wollen auch nicht darüber nachdenken. Die schrecklichen Ereignisse des vergangenen Jahres sind noch zu frisch in Erinnerung. Die Ungewißheit über den Ver-

Am Heiligabend weilten unsere Gedanken in unserem Heimatdörfchen Pusitz, Kreis Lauenburg, in Hinterpommern. Diese Ansicht habe ich zu Weihnachten 1944 aufgenommen, bevor ich es verlassen mußte.

bleib des Vaters, dessen Schicksal wir zu diesem Zeitpunkt noch nicht kennen, läßt uns still sein.

Es klopft an der Zimmertür. Frau Nölle schaut herein, sie will wohl frohe Weihnachten wünschen. Sie sagt aber kein Wort und geht wieder. Nach einer Weile kommt sie zurück, wünscht gesegnete Weihnachten und reicht uns etwas Kuchen, ein Glas selbstgekochte Marmelade, ein Stückchen Butter und Nüsse.

Weihnachten 1945, aus der Heimat vertrieben, besitzlos und gedemütigt. Es ist ein schwerer Neubeginn ohne den Vater in einer unbarmherzigen Zeit. Was wird die Zukunft bringen?

Es fällt uns schwer, hoffnungsvoll in die kommende Zeit zu blicken. Frau Remer und Frau Nölle haben uns durch ihr menschliches Verhalten ein wenig Zuversicht gegeben.

Gott möge es ihnen danken.

*(Weitere **ZEITGUT**-Beiträge dieses Autors sind am Buchende vermerkt.)*

[Behlendorf – Heinersdorf, Land Brandenburg;
Heiligabend 1946]

Gerda Weinert

Auf glitzerndem Schnee unter funkelnden Sternen

Seit dem „Umbruch", wie man das opferreiche Kriegsende
und den schwierigem Neuanfang auch nannte, lebten wir im
märkischen Behlendorf. In einer winzigen Gutsarbeiter-
wohnung hatten wir uns notdürftig eingerichtet und fürs
Erste damit abgefunden.

Noch vor dem Winter 1946/47, der wegen seiner Strenge
in die meteorologische Geschichte eingehen sollte, hatte Vater gegen Kartoffeln ein Radio eingetauscht. Eben hörten
wir noch festliche Klänge, aber plötzlich waren alle Töne
fort. Stromsperre, selbst am Heiligabend. Hinterm Fenster
hockte Dunkelheit, die aber der frische, leuchtend weiße
Schnee nicht gänzlich zuließ. Zwei Kerzen gaben spärliches
Licht und an unserem Tannenbäumchen prangten sieben
echte Weihnachtskugeln. Das Stück für ein Ei – ein Schwarz-
marktgeschäft. Auf dem Herd stand ein Topf Hühnersup-
pe, und ein paar kleine Geschenke sollte es hernach auch
geben. Aber wann war hernach? Was kam zuvor? Nur Sup-
peessen?

„Schade, daß wir noch keine Spiele haben", sagte ich.

Mutter blickte wie nach Nirgendwo und murmelte: „Früher bin ich Heiligabend immer in die Kirche gegangen."

Mit „früher" waren meist die siebzehn Jahre gemeint, in
denen Mutter im Schloß bei den von Keudells Kinderfräulein

gewesen war. Etwa zwölf Jahre lag das zurück. Ob Kirche ein heimlicher Wunsch von ihr war oder eine Idee für uns alle?

Ich jedenfalls habe sofort begeistert gerufen: „Au jaaa, in die Kirche!"

Wenn Vater sich das Kinn rieb, überlegte er. Jetzt rieb er lange. Mutter ging gelegentlich zur Kirche und ich zum Kindergottesdienst. Die Geschichten, die Pfarrer Gestrich aus der Bibel vorlas, kannte ich fast alle schon. Mutter hatte sie mir erzählt, als Vater im Krieg war. Und was sich bei jedem Gottesdienst wiederholte, kannte ich längst auswendig. Doch das war jetzt unwichtig. Wir im Dunkeln bis Heinersdorf gehen, das wär was! Christandacht fand nur dort statt. Schließlich konnte der einbeinige Pfarrer nicht bei hohem Schnee und Dunkelheit bis Behlendorf radeln. Also würde die Heinersdorfer Kirche brechendvoll sein, und ich war gern mit vielen Menschen zusammen. Aber mein Bruder Heinz jammerte über den „ollen weiten Weg".

Ich fing Vaters Blick auf und deutete heimlich zu jener Stubenwand, hinter der etwa dreihundert Meter entfernt der See lag. Vater verstand, grinste, sah kurz und skeptisch zu Mutter und sagte: „Könnte man machen."

Sie dachte, die Antwort galt ihr. „Oh, Kurt, du würdest mit uns ...?"

„Es wirft mich doch keiner raus."

Vater war zur Nazizeit aus der Kirche ausgetreten und Heinz nicht getauft. Aber was wußte der schon mit seinen fünf Jahren?

„Also, los!"

Vater stieg in seine frischreparierten Soldatenstiefel. Wir anderen hatten kein so schneegerechtes Schuhwerk. Aber am Tage kamen wir ja auch zurecht. Heinz wurde eingemummelt, als wollten wir nach Grönland. Auf der Dorfstraße bogen Mutter und er nach links und Vater und ich nach rechts ab. Mutter blieb stehen und rief: „Doch nicht etwa unten rum!" So nannte man hier den Weg am See entlang.

„Die Chaussee entlang ist doch viel zu weit", sagte ich.

„Und euer Uferweg bestimmt noch unbegangen."

„Unbegangen, klingt ja richtig adelig", spöttelte ich.

„Doch! Er ist be-gan-gen" so, wie Vater jede Silbe des seltsamen Wortes betonte, klang es direkt amtlich.

„Stimmt, ich bin heute mit dem Schlitten unten gewesen", sagte ich und mir war, als wenn Vater schmunzelte. Er wußte genau, wo ich tatsächlich gewesen war.

Schließlich sagte Mutter seufzend: „Also gut, unten rum!" Ich freute mich diebisch.

– Den See zwischen Heinersdorf und Behlendorf habe ich geliebt. Im Frühling gab's an ihm Weidenkätzchen und Schlüsselblumen und im Herbst Steinpilze und Haselnüsse. Wenn dieser Winter vorbei war, wollte Vater mir eine Angel besorgen. Schon zwei Sommer hatte ich mich so oft im See getummelt, daß Mutter sich wunderte, weshalb mein Badezeug so schwer trocknete. Sie ahnte nicht, daß ich mit fast allen Kindern, die bei uns vorbeikamen, wieder zum See rannte.

Einmal hatte Vater Mutter überredet mitzukommen. „Mußt doch sehen, wie das Mädel schwimmt."

Umständlich ließ sich Mutter auf meinem dünnen Handtuch nieder. Heinz durfte – und wollte auch nicht ins Wasser. Vater und ich stürmten hinein und schwammen los. Prompt schrie Mutter: „Gerdaaa, nicht ins Tiefe!"

„Ihr passiert nichts", rief Vater.

Und dann kam mein Kopfsprung. Wie ein Junge konnte ich vom Steg hechten und tauchte extra tief und weit. Als ich fröhlich prustend wieder aus dem Wasser guckte, war Mutter schon aufgestanden, fuchtelte mit den Armen und schrie lauter als vorher: „Mach das nicht noch einmal!"

„Laß sie in Ruhe!" Vaters Stimme hatte allen Badelärm übertönt. Also ließ Mutter mich, nahm ihren Heinz, eilte zurück zum Dorf und hat nie wieder beim Baden zugesehen. –

Unter unseren Sohlen knirschte der Schnee. Als die Pfla-
sterstraße zu Ende war, Bäume und Gesträuch zurückblieben
und vor uns weiß und weit und still der See lag, wandte sich
Mutter besagtem Uferweg zu, der tatsächlich noch ziemlich
unbegangen war. Vater legte den Arm um ihren Rücken und
schob sie geradeaus, dem See entgegen. Sie hielt inne, stampfte
den Schnee unter sich platt wie ein scheuendes Tier und schien
dann zu erstarren. „Niemals kriegt ihr mich übers Eis!"

„Das ist doch erst drunter", sagte Heinz.

„Du sei still!"

*Blick von der
Beblendorfer
Seite hinüber
zum Kirchturm
von Heinersdorf.
Foto:
Anita Sachse.*

Spuren im Schnee. Foto: Irena Weinert

„Da sind schon so viele rübergegangen." Ich zeigte auf Fuß-
und Schlittenspuren, unter denen auch die von mir waren.

„Ihr wißt doch, daß ich nicht schwimmen kann."

„Sollst du ja auch nicht. Nur gemütlich laufen. Keine Vier-
telstunde, und wir sind drüben."

Das Letzte war ein bißchen geflunkert. Aber Vaters Stimme hatte richtig schmeichelnd geklungen. Doch Mutter ent-
wand sich seinem Arm.

„Also, die weiteren Wege gehe ich heute nicht mehr."

Das schien ein Machtwort gewesen zu sein und wohl, um es zu unterstreichen, hob Vater sich Heinz auf die Schultern und im nächsten Moment standen wir drei auf dem verschneiten See.

„Laßt wenigstens Heinz hier."

Es hörte sich an, als wollte Mutter gleich weinen. Alle drei redeten wir auf sie ein, bis sie endlich mit vorsichtigen Schritten und ausgebreiteten Armen wie eine Seiltänzerin den See betrat. „Das hält ja wirklich", sagte sie kleinlaut und rutschte auch nicht aus.

Von einer Schneewehe fast verdeckt, schlief wie unter einem Federbett unser Hechtsprungsteg. Ich fand es wunderschön, daß wir endlich einmal alle miteinander gingen. Fast hell war's auf dem weiten See und die Schneekristalle glitzerten. Hoch droben schien jemand sehr damit beschäftigt, die Sterne anzuzünden.

„Es ist für uns eine Zeit angekommen ..."

Ich sang das Lied, das uns Herr Wiesener im Musikunterricht gelehrt hatte. „Vom hohen Himmel ein leuchtendes Schweigen erfüllt die Herzen mit Seligkeit ...", hieß es in der letzten Strophe. Aber was war Seligkeit?

Vater sagte: „Wenn die Sterne funkeln und eine Familie über einen verschneiten, zugefrorenen See gehen kann, ohne daß jemand Angst hat."

„Nee, wenn Weihnachten ist und ich nicht laufen muß", rief Heinz von seinem „Hochsitz".

„Faulpelz", sagte ich und kniff ihm in den Hintern.

*(Weitere **ZEITGUT**-Beiträge der Autorin sind am Buchende vermerkt.)*

[Überlingen am Bodensee,
Baden-Württemberg;
1946]

Helga

Auch Engel haben Hunger

Die Wunden des Krieges sind noch längst nicht verheilt, und der Hunger schaut aus allen Gesichtern, aber es werden keine Christbäume mehr über den Städten abgeworfen, deren Leuchtkraft die Ziele erhellen, um sie mit einem Bombenhagel in Schutt und Asche zu legen. Wir schreiben das Jahr 1946. Der Krieg mit seinen unbeschreiblichen Schrecken ist vorbei. Trotz vieler Entbehrungen beginnen die Menschen, wieder ein wenig Hoffnung zu schöpfen.

Weihnachten steht vor der Tür. Es gibt keine Christbäume auf öffentlichen Plätzen und auch keine Lichterketten, doch die Fenster der Häuser sind erleuchtet, ihr Lichtschein dringt ohne Verdunkelung ungehindert durch die Scheiben.

Zwei Engel und drei Hirten machen sich auf den Weg zum Rathaus einer Kleinstadt, in dem erstmals nach langer Zeit eine Weihnachtsfeier für die Bediensteten stattfindet. Die Tische des großen Ratssaales sind mit Tannenreisig geschmückt, und einige wenige Kerzen im Raum sorgen für eine heimelige Weihnachtsstimmung. Während sich der Saal allmählich mit den Besuchern füllt, warten nebenan die Engel und Hirten auf ihren Auftritt.

Mein Bruder, meine Schwester, zwei weitere Kinder und ich Elfjährige fiebern dem Auftritt entgegen, natürlich auch mit Angst im Nacken, vielleicht steckenzubleiben. Nachdem wir uns umgezogen haben – ich darf ein weißes Seidennacht-

Hier haben sich junge Lernschwestern für das Krippenspiel verkleidet.
Foto: Eva Maria Schmeling.

hemd von meiner Mutter, eine goldene Krone mit einem Stern, wunderschön silbern glitzernde Flügel und endlich einmal offene Haare tragen –proben wir noch einmal unsere Verse. Meiner beginnt mit den Worten:

> *Und ich, der Weihnachtsengel,*
> *ich zieh voran die Bahn,*
> *den Menschen zu verkünden:*
> *die Herzen aufgetan!*

Auf einmal entdeckt einer der Hirten in einer dunklen Ecke mehrere vollbepackte Wäschekörbe. Welche Schätze mögen da verborgen sein?

Das Interesse sämtlicher Engel und Hirten ist geweckt. Vorsichtig wird eines der Päckchen geöffnet. Es enthält ein dünn mit Butter und mit Wurst belegtes Brötchen. Welch eine Köstlichkeit! Wenn jeder von uns ein Brötchen ißt, wird dies gewiß niemandem auffallen. Die beiden Engel sind noch etwas unschlüssig. Dürfen Engel so etwas Verbotenes tun?

Die Hirten zerstreuen die Bedenken und beißen schon herzhaft zu. Da können auch die beiden Engel nicht länger widerstehen. Ein zweites Brötchen paßt nicht mehr in die ausgehungerten Mägen. Aber noch etwas Wurst vielleicht?

Rasch werden weitere Päckchen geöffnet, die Wurst stibitzt, danach wieder sorgfältig verschlossen. Ganz unbeschwert lassen sich die himmlischen Köstlichkeiten aber nicht genießen. Das schlechte Gewissen und die Angst vor Entdeckung schmälern die Freude.

Der Auftritt nähert sich. Wir werden in den Saal gerufen. Abwechselnd tragen Engel und Hirten ihre Gedichte vor. Nun bin ich an der Reihe, und um ein Haar hätte ich mich am Schluß verplappert:

> *Und ich, der Weihnachtsengel,*
> *ich zieh voran die Bahn,*
> *den Menschen zu verkünden:*
> *die Päckchen aufgetan!*

[Herfart bei Itzehoe, Schleswig-Holstein;
1947]

Klaus Lehmann

Ostpreußische Weihnacht mit Opa Kienäppel

Das Schneetreiben wird dichter. Am graublauen Horizont sinkt die blaßweiße Wintersonne. Sie beginnt sich für die Weihnachtsnacht zu verstecken. Aus der nahen Kreisstadt ertönt schwaches Glockengeläut, akustischer Vorbote des Weihnachtsabends 1947.

Unsere Familie wohnt in der Nachbarschaft von Opa Kienäppel. Der alte ostpreußische Instmann Anton Kühnapfel ist für uns gütiger und weiser Opa und umsichtiger liebevoller Ersatzvater in trostloser Zeit. Seine Stube ist für meine Schwester und mich, vier und sieben Jahre alt, voller Geheimnisse und immer neuen Überraschungen. Wenn wir uns längere Zeit darin aufhalten, entdecken wir ständig Neues, Ungewohntes, ja Abenteuerliches. Und wir Kinder besuchen Opa Kienäppel häufig. Besonders gern kommen wir zu ihm, wenn es regnet und wir nichts draußen anstellen können. Seine Kammer hat nur ein winziges Fenster, genauso groß und auch so beschaffen wie die Öffnungen des Stallgebäudes gleich nebenan hinter der Bretterwand von Opa Kienäppels Bleibe. Der einzige Unterschied ist, daß sich der alte Mann eine gehäkelte Gardine vor sein Fenster gehängt hat.

Früher sei das mal eine schöne Tischdecke gewesen, hat er uns oft erzählt. Nun, da er keinen Tisch mehr besitze, sondern nur eine aus groben Brettern gezimmerte Anrichte, die auch als Nachtschrank und Ablage für das einzige Paar Schuhe dient, sei es doch zu schade, die schöne Tischdecke, die noch von zu Hause stamme, einfach irgendwo hinzulegen. Betrachtet man die Gardine länger, sind sogar Häuser und ein Kirchturm darauf zu erkennen. Es ist der Kirchturm seines ostpreußischen Heimatortes. Die Häuser darauf drängen sich um den gehäkelten Kirchenumriß. Tante Amalie habe ihm die kunstvolle Decke seinerzeit zum 21. Geburtstag geschenkt, dem Tag, an dem er volljährig wurde. Durch alle Schwierigkeiten und Nöte habe er die schöne Handarbeit in seinem alten Rucksack retten können. Nun hängt sie hier in fremder Umgebung vorm Fenster und kündet vom geliebten Ostpreußen.

Durch zwei Ritzen in den Wänden kann man in den Stall sehen. Gleich an der Wand dahinter lehnt altes unbrauchbares Gerät, rostig und mit Spinnweben überdeckt. Einige Meter entfernt stehen vier Kühe und ein Pferd. Ein Holzverschlag hindert die Tiere am Umherlaufen. Wenn man die Finger auf die etwas breiteren Ritzen legt, ist deutlich ein Luftzug zu spüren, besonders dann, wenn die große wuchtige Dielentür nicht geschlossen ist. Jetzt im Winter strömt wohlige Wärme, angereichert mit Tierausdünstungen hindurch. An dem kleinen Fenster haben sich Eiskristalle gebildet. Draußen „stiehmt" es, wie Opa Kienäppel zu sagen pflegt. Pulverschnee fegt über die verschneiten Äcker und bildet weißleuchtende Schneewälle. Die kalte Wintersonne blänkert auf den Schneekristallen.

Im Raum befindet sich eine gußeiserne „Ofenhexe". Damit wird geheizt, aber auch Wasser darauf gekocht für Lindenblüten-, Schafgarben- oder Kamillentee. Die Kräuter sind selbstgesammelt und getrocknet. Ein Vorratsschatz, der beruhigend wirkt, in doppelter Hinsicht.

Heute, am Nachmittag des Heiligen Abends, wirkt die ausströmende Wärme der holzbefeuerten Ofenhexe besonders anheimelnd. Weihnachten 1947, rund eintausend Kilometer vom vertrauten Ostpreußen, dem geliebten Ermland, dem heimatlichen kleinen Dorf entfernt. Opa Kienäppls Stimme bekommt einen wehmütig feierlichen Klang, als er von den jetzt sicher tiefverschneiten Wäldern und den dick zugefrorenen heimatlichen Seen und Flüssen erzählt.

An den Bretterwänden von Opa Kienäppels Stube hängt eine beachtliche Anzahl Ansichtskarten, fein säuberlich mit Reißbrettstiften oder kleinen Nägeln befestigt. Unzählige Male haben wir Kinder diese Galerie schon bestaunt. Faszinierend sind die Ansichten von Landschaften, Dörfern, Städten, Burgen und Kirchen. Oft steht der entsprechende Text daneben oder darunter. „Das schöne Nikolaiken", „Die Johannisburger Heide", „Gruß aus Gumbinnen" oder „Abend am Spirdingsee". Steht kein Text darauf, gibt Opa Kienäppel stets freundlich und erschöpfend Auskunft. Wie gerne hören wir ihn erzählen. Jede Karte hat ihre eigene Geschichte. Zwischen den Bildchen hängen auch alte Zeitungsausschnitte mit Fotos, etwas vergilbt schon, aber dennoch gut erkennbar.

Von draußen dringt das Geräusch des Holzhackens herein. Der alte Nachbar Johann ist damit beschäftigt, zwei kleine Weihnachtstannen in selbstgezimmerte Ständer einzufügen. Mutter steht interessiert dabei und begutachtet das Werkeln des Nachbarn. Zum Schutz vor der eisigen Kälte hat sie sich einen alten, umgearbeiteten Militärmantel übergezogen und einen dicken schafwollenen, selbstgestrickten Schal um den Kopf gebunden. Johann hat eine umgefärbte Militärmütze mit Ohrenklappen aufgesetzt. Das faltige Gesicht mit der knöchernen Nase ist unter den viel zu großen Mützenteilen fast verschwunden.

Opa Kienäppel hat heute noch eine ganz besondere Überraschung bereit. Er kramt unter seinem Bett in einer grobgenagelten Bretterkiste und zaubert vier beachtliche Äpfel hervor. Leicht angeschrumpelt zwar, aber doch zum Braten auf der heißen Ofenhexe hervorragend geeignet. Boskop-Äpfel, geschenkt vom Hauswirt, haltbare süße Abwechslung für den heutigen besonderen Tag. „Nu isses baal jenau so wie za Haus.

Door hadde wear ooch emmer jebraatne Äppel am Heili-
goabend", gibt Opa Kienäppel erinnerungsselig zu verstehen.

Draußen klopft sich Mutter den Schnee von Mantel und
Schuhen. Dann öffnet sie langsam die Tür. „Na Opa Kienäppel, wea hove deer doch eene kliene Weihnachtsboom zurecht-
jemacht. Hoffentlich jefällt er deer. Un heit Oabend kemst
doch zo oans, damit de nich so aleen beest", fordert Mutter
den alten Mann wohlwollend auf.

Der Nachbar bringt das leichtbeschneite Bäumchen mit
dem Holzkreuzständer herein und stellt es andächtig auf den
Fußboden. Opa Kienäppel sagt zunächst gar nichts. Nach
einiger Zeit entweicht ihm mit leicht bewegter Stimme die
Anerkennung: „Een strammer Boom!"

Dieser kurze Satz drückte mehr ehrliche Freude aus, als
ausschweifende Dankesreden.

Inzwischen brutzeln die Bratäpfel auf der Ofenhexe. Die
Dämmerung bricht durch das kleine Fenster in die Stube
herein. Elektrisches Licht gibt es nicht, im Elektrizitätswerk
ist Sperrstunde, das wurde vorher durch einen Ausrufer mit
Handklingel und uraltem Fahrrad bekanntgegeben.

Feierliche Stille. Durch die kunstvollen Eisblumen am Fenster sind große tanzende Schneeflocken im Halbdunkel zu
erkennen. Opa Kienäppel blickt stumm in die Ferne. Mutter
steht daneben, sagt ebenfalls nichts, wischt sich jetzt verstohlen mit dem Taschentuch über das Gesicht. Meiner Schwester und mir wird ebenfalls etwas eigenartig zumute. Verstohlen blicken wir auf die geräuschvoll garenden Bratäpfel.

„De Apple seie goar ...", sagt Opa Kienäppel und hantiert
an der Ofenhexe herum. Danach holt er vier recht unterschied-
liche, aber glatte Sperrholz-Eßbrettchen aus dem uralten
Schrank mit den wackeligen Türen und serviert darauf jedem
von uns einen herrlich duftenden Bratapfel. „Nu mußt ear se
esse, sonst waere se kalt!"

Wunderbar anheimelnd und urgemütlich ist es nun. Wohlige Wärme kommt aus der Ofenhexe. Ab und zu macht das

mitverfeuerte nasse Buschholz knackende Geräusche, fast
so, als ob jemand schießt. Es jagt einem manchmal einen
leichten Schrecken ein.

„Eigentlich könne wea doch hia in disa Stoav Weihnachte
feire", gibt Opa Kienäppel zu bedenken und blickt erwartungsvoll auf Mutter.

„Joa, wenn dat jeht?" kommt es von Mutter zurück.

„Kloar jeht dat", antwortet Opa Kienäppel.

Die Raumfrage des heutigen Tages scheint somit geklärt.
Wir Kinder haben absolut nichts dagegen.

Noch zwei Stunden bis zur Bescherung. Meine Schwester
und ich werden von Mutter vorerst zurück in unsere winzige
Wohnung geschickt. In der klitzekleinen Küche ist der Kohle-
herd ausgegangen. Auch in der dürftigen Stube ist es recht
kalt. Geheizt wird diese mit dem Ofenrohr des Küchenher-
des, das oben durch die Stube geleitet wird. Ein Ofen hätte
hier ohnehin keinen Platz mehr. Das Zimmer dient als Wohn-
und Schlafraum und auch als Nähzimmer für Mutter. Nachts
werden für uns Kinder Matratzen auf der Erde ausgebreitet,
die tagsüber auf Mutters wackeligem Bett gestapelt sind. Wir
müssen sehr aufpassen, wenn wir uns bewegen. In der Ecke
steht eine kleine Emaillewanne mit geriebenen Kartoffeln. Aus
ihnen wird Kartoffelmehl hergestellt. Sie müssen nur lange
genug abstehen. Kartoffelmehl ist ein herrliches Stärkemit-
tel für Suppen und Saucen. Nur für die Magermilchsuppe mit
Futterschrotbeigabe, die mit selbstgekochtem Zuckerrübensi-
rup gesüßt wird, ist es wenig geeignet.

Endlich zeigt der geliehene Vorkriegswecker auf dem Bord
über Mutters Bett an, daß die vorgegebene Zeit für die Bescherung gekommen ist. Voller prickelnder Erwartung stap-
fen meine Schwester und ich durch den verharschten Schnee
zu Opa Kienäppels Behausung. Das Schneetreiben hat längst
aufgehört. Durch den verhangenen dunklen Himmel blin-
ken einige wenige Sterne. Herzklopfen bei uns Kindern.

Opa Kienäppel und Mutter empfangen uns bereits recht feierlich vor der Tür. Ihre Gesichter strahlen Nachdenklichkeit und Würde aus. Mutter führt uns herein. Das wunderschön geschmückte Weihnachtsbäumchen strahlt die ganze Erhabenheit des großen Augenblickes aus. Einige selbstgezogene brennende Kerzen verkünden: Es ist Weihnachten!

Opa Kienäppel hatte schon im Sommer angefangen, Wachsreste zu sammeln, um sie dann in einem blechernen Gasmaskendeckel zu schmelzen. In einer gläsernen leeren Tablettenröhre wurden neue Kerzen hergestellt. Ihre Farbe gleicht echtem Bienenwachs, entstanden durch die verschiedenen Farben der Kerzenstummel. Als Docht dient aufgeribbelte Wolle. Neben den Weihnachtskerzen prangen Strohsterne, von Mutter kunstvoll hergestellt. Wir Kinder hatten dazu schon vor langer Zeit schöne, dicke Strohhalme gesammelt. In einem alten Schuhkarton wurden sie fein säuberlich gehortet.

Und sogar Lametta ziert das stolze Bäumchen. Christbaumlametta, feinstreifig handgeschnitten aus den Überresten britischer „Tannenbäume", die von den drohend brummenden Bombenflugzeugen abgeworfen worden waren, um vor dem Angriff deutsche Radaranlagen zu stören. Das warme Licht der Kerzen spiegelt sich im friedlichen Lametta.

Auf dem alten Stuhl, als Gabentisch mit einem gehäkelten Deckchen verziert, lacht eine selbstgenähte Flickenpuppe meine Schwester einladend an. Und für mich gibt es eine wunderschöne Laubsäge, gleich mit einem ganzen Bündel Sperrholzresten zum Aussägen und Basteln. Am liebsten würde ich sofort mit der Sägerei beginnen, aber das geht wohl doch nicht, heute an dem hochheiligen Weihnachtsabend. Und da liegt tatsächlich noch für jeden von uns Geschwistern ein beachtlich großes Prachtexemplar von Weihnachtsmann! Ein gebackener Kuchenteigmann, braun und glänzend, mit einem bunten Bildchen auf Bauch und Rucksack.

Andächtig sitzen wir alle um unsere Geschenke. Mutter versucht, ein Weihnachtslied anzustimmen, kommt aber

Das Foto zeigt meine Familie 1943.

nicht sehr weit. Sicher denkt sie an Vater, der in britischer Kriegsgefangenschaft in Ostholstein sein soll. Ein bereits heimgekehrter Kamerad aus Vaters Kompanie hat es uns zur großen Erleichterung mitgeteilt.

Opa Kienäppel rettet die Weihnachtsstimmung: „Kinda, isses hia nich stramm bei ons, un so scheen warm un jemütlich hoe wea das hier!"

Wir alle pflichten ihm bei. Dann wieder feierliches Schweigen. Meine Schwester knuddelt ihre Flickenpuppe mit dem spitzbübisch lachenden Gesichtsausdruck, dem Mund und den Augen aus Stopftwistresten. Der als Kopf dienende alte Strumpf hätte es sich niemals träumen lassen, daß er an seinem Lebensende sogar noch zärtlich gestreichelt werden würde. Und ich hantierte voller Tatendrang an meiner Laubsäge herum und merkte dabei, daß es ein geschickt aufgearbeitetes älteres Exemplar ist, grün lackiert, mit winzigen Roststellen an den Flügelmuttern. In Gedanken säge ich schon die herrlichsten Prachtstücke: Brotbrettchen für Mutter und Vogelhausteile für hungrige und frierende Vögel im Winter.

Aus dem nahen Stall erschallt ein vielstimmiges langgezogenes Muhen und Wiehern.

„Da liebe Jott meent es jutt met uns. Wea hoe wenigstens een scheen warm Stow un hoe och noch en strammes Esse."

Und nun zaubert Mutter ein einmalig appetitanregendes, knusprig braungebratenes Kaninchen hervor. Das Wasser läuft uns im Munde zusammen. Stolz berichtet Mutter, daß sie den gutgenährten Vierbeiner gegen ein paar alte, lederne, aber zu klein gewordene Kinderschuhe eingetauscht habe. Als Zugabe mußte sie noch die Rauchermarken drauflegen. Das Fell habe der Nachbar abgezogen. Das gibt herrliche Pulswärmer. Und gebraten habe es die Nachbarsfrau in der großen Ofenröhre. Aus dem Stall ertönt abermals Muhen und Wiehern. Irgendwie klingt es zufrieden und nicht hungrig oder ängstlich. Als ob die Tiere auch wüßten, daß heute Weihnachten ist.

Opa Kienäppel fördert ein verschossenes Buch ohne Einbanddeckel aus einer Schublade hervor. Er hat es gefunden, unscheinbar lag es im Vorraum des Dorfbahnhofs. Am Fahrkartenschalter hatte er es als Fundsache abgegeben, es war jedoch nicht abgeholt worden, somit gehört es nun ihm. Mit verheißendem Augenaufschlag beginnt er die Weihnachtsgeschichte vorzulesen: „Und es begab sich ..."

Auch wir sitzen jetzt bei Ochs und Rind und Pferd und feiern Weihnachten. Nur damals, vor fast zweitausend Jahren, hatte es das Jesuskind nicht annähernd so gemütlich, wie wir jetzt. Es bekam auch nicht so eine tolle Laubsäge geschenkt. Und so ein herrliches Festessen gab es damals erst recht nicht wie bei uns am Heiligen Abend im Notjahr 1947, den wir mit dem liebevollen Opa Kienäppel so anheimelnd verbrachten.

(Weitere **ZEITGUT***-Beiträge des Autors sind am Buchende vermerkt.)*

Romano C. Failutti

Das Nachtgespenst

Es war im bitterkalten Winter im zweiten Nachkriegsjahr
1947. Unsere Schloßschule in Chemnitz wurde wegen Brenn-
stoffmangel für einige Zeit geschlossen. Eines Tages hieß es:
„Ab kommender Woche findet der Unterricht im Pförtner-
häuschen der Biomalzfabrik Gebrüder Dollfuß statt. Da
kommt ihr dann alle hin und bitte: Jedes Kind soll ein Brikett
mitbringen. In dem Häuschen ist ein Kanonenofen, den wollen wir damit heizen. Dann brauchen wir nicht zu frieren."
    Das war mal etwas anderes; das hatten wir den Eltern von
Monika und Peter Dollfuß, unseren Klassenkameraden, zu
verdanken, die Cousine und Cousin waren.
    Etwas eng war es in dem Pförtnerhäuschen für uns 37 Erst-
kläßler und Fräulein Mauersberger, unsere schöne blonde
Junglehrerin, dafür aber kuschelig, und es wurde recht schnell
warm. Auch brauchten wir nur unsere Fibeln hervorzuholen,
denn um Schreib- oder Rechenhefte auszubreiten, war kein
Platz. Doch eine große Schiefertafel war aufgestellt worden,
worauf manchmal etwas kreidekratzig zur Erklärung oder Ver-
deutlichung geschrieben wurde. Alles in allem war das für uns
Kinder ein Erlebnis, ja, geradezu ein Abenteuer.
    Dann gab es Weihnachtsferien, und danach sollte unsere
Schloßschule wieder benutzbar sein. Aber der Winter blieb
beißend kalt. Meine Mutter machte sich Sorgen, daß ihr
Söhnchen frieren müßte und sich erkälten könnte. Das Söhn-

Die Schüler der 1. Klasse der Schloßschule Chemnitz im Jahre 1948 mit ihrer schönen und lieben Lehrerin Fräulein Mauersberger. Ich bin der vierte von links in der zweiten Reihe von oben.

chen klagte nicht. Winter ist eben kalt. Damit muß man leben. Aber Mütter ticken anders!

„Ich habe da noch Stoffe. Daraus nähe ich ihm was", hörte ich sie zu einer Bekannten sagen. Ich wußte, Mutter konnte gut schneidern. Manchmal kamen russische Offiziersfrauen, brachten Nähmaterial und Mutter arbeitete ihnen daraus schöne Kleider, Jacken oder Röcke, alles, was Frauen so brauchen und was ihnen gefällt.

Ich brauchte nichts. Meinte ich. Ich hatte meine kurzen Hosen mit den kratzigen langen Strümpfen, die an einem Leibchen befestigt wurden, meine Trainingshose mit Jacke sowie einiges mehr oder weniger angenehm zu Tragendes. Also dachte ich über die aufgeschnappte Bemerkung, sie wolle mir „was nähen", gar nicht weiter nach. Ich hoffte für Weihnachten auf Geschenke zum Spielen, etwas zum Malen und ähnliches. Jedoch in der Adventszeit schwante mir, daß anderes auf mich zukäme. Mutter saß an ihrer Singer-Nähmaschine und nähte. „Du bekommst etwas Warmes", kündigte sie an. Und dann mußte ich anprobieren. Ach, ein Mantel!

„Das wird ein schöner Ulster", freute sie sich.

Ein *Ulster*? Ich wußte nicht, was ein Ulster war. Mantel ist Mantel!

„Und nun probiere das mal!"

Sie zog mir ein merkwürdiges Gebilde an, von dem ich vermutete, es wäre für irgendein Russenkind, das meine Größe hätte und für das sie etwas schneidern sollte. Sie nahm Nadeln von ihren Lippen und steckte etwas ab, dann nickte sie zufrieden. Ich aber war ningelig, was, wie ich viel später erfuhr, in nördlichen Gefilden „nölig" hieß.

Heiligabend! Die Spannung zerriß mich fast. Würde ich bekommen, was *ich* mir wünschte? Spielzeug, Buntstifte, Malblock? Oder „nur" etwas anzuziehen? Womöglich so'n blöder Mantel, so'n Ulster; „etwas Warmes", wie Mutter angekündigt hatte?

Alle liefen mit geheimnisvollen Mienen herum. Endlich klingelte silberhell das Glöckchen, die Tür zum Wohnzimmer – einem großen Raum – öffnete sich. Der bis zur Decke ragende Christbaum strahlte und funkelte und zog die Blicke aller Anwesenden auf sich, auch meine, obwohl ich doch sofort nach meinen Geschenken sehen wollte. War da „was Richtiges" dabei?

Aber dieser Wunderbaum zog alle in seinen Bann, die zur Bescherung zu uns gekommen waren: Großmutter (la nonna), zwei Onkel, vier Tanten, drei Cousinen, ein Cousin, ein Ehepaar aus der Nachbarschaft und drei Frauen, die wir nicht kannten; die hatten die Tanten eingeladen und einfach mitgebracht. Als in Chemnitz lebende Italiener hatte sich unsere Familie den schönen, so „gemietlichen" sächsischen Spruch zu eigen gemacht: „Und wenn mer och nischt hamm, so sinn' mir doch beisamm'".

Aber die Eltern, Vater und Mutter, die Onkel und Tanten hatten schon dafür gesorgt, daß unser Festtagsschmaus – bei allen Nachkriegsmängeln – auch als solcher bezeichnet werden konnte. Nun wurden zwei Weihnachtslieder gesungen, und ich mußte ein Gedicht aufsagen, weil Kinder lernen sollten, geduldig zu sein, was ihnen später einmal zugute kommen würde.

Endlich! Endlich durfte ich mich auf meine Gabenecke stürzen. Da gab es für mich einen großen Langholzwagen, natürlich beladen, der von einem Pferd gezogen wurde, einen Stabilbaukasten von „Märklin", ein Buch „Lustige Geschichten" und Naschereien, die Mutter alle selbst gezaubert hatte: Marzipankartoffeln, Nougat, Pralinen, Plätzchen.

„Vieles ist ja aus Ersatzstoffen. Es gibt nicht viel Richtiges", sagte Mutter entschuldigend in die Runde, aber es schmeckte vorzüglich. Heute sehne ich mich manchmal nach den Geschmäckern von damals, doch es ist selten und dann für mich ein großes Glück, wenn ich so alte Bekannte wiedertreffe.

Irgendwann zupfte mich Vater am Pullover und flüsterte mir zu: „Deine Mama hat noch mehr für dich. Das mußt du auch mal ansehen. Ich glaube, sie ist schon etwas enttäuscht, daß du es bisher nicht beachtest hast."

„Was denn?", fragte ich und schob mein Pferd mit dem Langholzwagen hin und her.

„Sieh doch einmal dorthin!"

Vater wies auf den Wohnzimmerschrank. Da hing ja dieser Ulster, groß und schwer, Fischgrätmuster und daneben etwas Goldfarbenes, wie eine lange Jacke, fast schon ein Mantel, aber ohne Ärmel. Ohne Ärmel?

Sogleich kam Mutter herbei: „Na, schau doch mal, ist das nicht ein schöner warmer Wintermantel für dich? Und das", sie wies auf das ärmellose, von goldschimmernden Ornamenten durchwirkte Kleidungsstück, „das ist ein Kaftan, den ziehst du noch unter den Mantel, da bist du geschützt und mußt nicht frieren. Der Kaftan ist aus Goldbrokat – (wo hatte sie den nur her?) – und innen, guck nur, innen ist er mit Ziegenfell gefüttert!" Sie freute sich so, die Gute! Sie war so stolz und sie forderte mich auf: „Probier's doch gleich mal an!"

Sie hielt mir die Sachen zum Hineinschlüpfen hin.

Sehr glücklich habe ich in diesem Augenblick wohl nicht ausgesehen. Kein Winter, auch der 1947er nicht, konnte für einen kleinen Jungen so kalt sein, daß er sich solche Sachen freiwillig anziehen ließ. Aber man war ja gehorsam. Zuerst zog ich den Kaftan aus Goldbrokat mit dem Ziegenfell, das nach innen getragen wurde, an.

„Er sieht aus wie ein kleiner Sultan", sagte jemand, „fehlt nur noch der Turban."

Dann kam der Mantel, der Ulster, dieses schwere Ding, darüber. Der drückte mich geradezu nieder und Vater bemerkte zu den Umstehenden: „Käthi hat extra statt eines normalen Aufhängers eine kleine Metallkette eingenäht, damit er nicht abreißt."

„Ja, der Stoff scheint recht gewichtig und er knistert auch etwas", sagte jemand.

„Er ist aus Zellstoff, den wir ergattert haben, also irgendwie aus Papier", erklärte Vater.

„Wenn der Junge damit in den Regen kommt, dann saugt der sich voll, wird immer schwerer und schwerer und drückt den Kleinen zu Boden", unkte mein großer Cousin.

„Wir sind froh, daß wir unserem Sohn diese Kleidungsstücke schenken können", ging Mutter ein wenig in Verteidigungsstellung. „Wer hat schon in diesen Zeiten einen so wunderbar gefütterten Kaftan und einen solchen Ulster?"

Wahrlich, so etwas hatte weit und breit niemand!

Nun erläuterte Mutter ihren fragenden Nichten und Neffen, was ein Ulster denn eigentlich sei, nämlich ein langer, weiter Herrenmantel aus schwerem Stoff. So etwas trage man in der nordirischen Provinz Ulster. Danach sei das Kleidungsstück benannt und nun kleide sich die feine Herrenwelt überall damit. „Sehr elegant", versicherte sie und alle ringsum pflichteten lebhaft bei. „Und ich habe ihn auf Zuwachs geschneidert, damit er lange etwas davon hat."

Das Riesending hielt wirklich schön warm und in Kombination mit dem ziegenfellgefütterten Kaftan sogar noch mehr. Gut, schwer war das Ganze und dazu mußten auch noch, als die Schule wieder begann, der Ranzen voller Bücher, Schiefertafel, Hefte und sonstige Utensilien geschleppt werden. Heute wundere ich mich, daß ich durch diese drückenden Gewichte nicht für alle Zeiten bei der Größe eines Sechs- bis Siebenjährigen stehengeblieben bin, sondern doch noch eine Höhe von 1,85 Meter erreicht habe.

Im Klassenzimmer hängte ich den Mantel samt Kaftan schnell an die Leiste mit den Kleiderhaken an der hinteren Wand. Ich war aus beiden in einem herausgeschlüpft, hatte sie nicht nacheinander ausgezogen, weil mir dieses „Sultansgewand" vor meinen Klassenkameradinnen und -kameraden peinlich war. Mußten die ja nicht mitkriegen! Und das ging gut – bis die Schule aus war und wir uns für den Heimweg ankleideten. Ich wollte ganz schnell in meine Sachen hineinfahren, aber in dem Augenblick entdeckte Bernd das Fell in der Innenseite meines ärmellosen Gewandes und rief: „Was ist denn das? Hast du ein Tier im Mantel versteckt?"

„Das ist nur ein Fell", versuchte ich ihn zu beruhigen, damit es bei den anderen kein Aufsehen gäbe.

Aber es war schon zu spät. Sie schrien: „Der hat ein Tier im Mantel! Ein Tier!"

Und nun umringten mich alle Kinder. „Ein Tier! ... Wo? ... Zeig mal!"

Ich knüpfte rasch meinen Mantel zu und sauste aus dem Schulraum nach draußen, die ganze Klasse johlend hinter mir her. Ich überlegte fieberhaft: Würden sie Ruhe geben, wenn ich ihnen zeigte, was ich da trug? Wäre dann alles gut?

Wenn man aus dem Schulgebäude trat, kam man auf eine Terrasse, von der eine breite Freitreppe zur Küchwaldstra-

Auf dieser Freitreppe der Chemnitzer Schloßschule trieb das „Nachtgespenst"
im Januar 1948 sein Unwesen und jagte seine Schulkameradinnen und
-kameraden hinauf und hinunter. Das Foto stammt aus dem Jahr 2007.

ße hinabführte. Als wir auf der Terrasse ankamen, hob ich
Mantel und Kaftan an einer Ecke an und rief: „So, nun guckt
mal, das ist kein Tier, das ist ..."

Mehr konnte ich nicht sagen, denn schon schrie ein Mädchen: „Iiiih, ein Nachtgespenst! Ein Nachtgespenst!"

Da stoben alle auseinander, rannten von mir weg, als sei
ich der Teufel persönlich und brüllten: „Ein Nachtgespenst!
Ein Nachtgespenst!"

Sie schienen sich in richtige Angst hineinzusteigern. Selbst
mein Banknachbar und die, mit denen ich sonst den gleichen Heimweg hatte, flüchteten schreiend vor mir. Niemand
wollte mit mir etwas zu tun haben. Das machte mich erst
völlig verdutzt, dann erschrocken. Ich verstand dieses Verhalten nicht und war traurig. „Nun hört doch mal auf!", rief
ich. „Kommt doch mal her!"

„Iiih, ein Nachtgespenst!", war die Antwort.

Dieses Foto sollte eigentlich niemand sehen. Aber auf drängende Bitten des Verlages – Wie sah denn so ein Ulster aus? – habe ich nach dem Motto „Einen schönen Menschen entstellt nichts" doch nachgegeben.
Mein Bruder Luciano und ich, fünf und zwölf Jahre alt, 1952 zu Besuch auf der „Grünen Woche" in Berlin. Mutter hatte noch reichlich von diesem „Papierstoff", und weil man sich in jener Zeit noch nicht so leicht von etwas trennen konnte, wie es heute oft leichten Herzens geschieht, nähte sie zu Weihnachten 1951 daraus noch einmal Mäntel – für ihren Großen und nun auch für den Kleinen. Aber dann war das Zeug endlich aufgebraucht.

Was sollte ich machen? Was? – Da kam mir blitzartig eine Idee. Ich drehte den Spieß um! Wenn die vor mir flohen, mich verhöhnten, dann wollte ich sie jagen. Ich lüftete meinen Mantel mitsamt Kaftan, zeigte dessen Innenseite mit dem braunen Ziegenfell, rannte auf sie zu und schrie nun meinerseits: „Hui! Hui! Hui!"

Da flitzten und flüchteten sie kreischend vor mir davon, die Freitreppe hinunter und wieder hinauf. Ich jagte sie mit gelüpftem Fell, verfolgte sie. „Hui! Hui! Hui!"

Und sie blökten und jammerten: „Ein Nachtgespenst! Ein Nachtgespenst! Hilfe! Hilfe!"

Was sollte ich auch machen? Sie verspotteten und mieden mich. Dafür versetzte ich sie in Schrecken. Vor diesem lächerlichen Fell wäre das ja nicht nötig gewesen, aber die Fantasie in ihren Köpfen spielte ihnen Streiche, machte ihnen etwas vor und sie steigerten sich da hinein. – Rauf und runter! Kreuz und quer über die Freitreppe! „Hui! Hui! Hui!"

„Das Nachtgespenst! Hilfe! Hilfe!"

Ich hielt das Heft des Handelns in den Händen, war nicht mehr der Verspottete, sondern wurde gefürchtet, wenn es mir auch nicht sehr gefiel, gemieden zu werden. Bei einigen der Jammernden, der Flüchtenden, war natürlich auch eine gewisse Koketterie, eine Verspieltheit in ihrem Tun.

So ging dieses „Theater" einige Tage. Immer wieder wurde ich als „das Nachgespenst" tituliert und gemieden, sobald ich in Ulster und Kaftan daherkam.

Dann aber schienen sich meine Klassenkameraden an meine „schöne warme" Kleidung gewöhnt zu haben. Eines Tages war das kein Thema mehr. Alles war wieder normal, ja, man staunte sogar über die golddurchwirkten Ornamente meines morgenländischen Kleidungsstücks und ließ es sich genau vorführen.

(Weitere Weihnachtsgeschichten von Romano C. Failutti finden Sie in „Unvergessene Weihnachten. Band 2, 3 und 4".)

[Seebenisch bei Leipzig, Sachsen;
1948]

Rosmarie Bierich

Das verteerte Weihnachten

In den ersten Jahren nach dem Krieg haben wir im Winter
oft gefroren, aber das war zweitrangig, denn endlich war die
Angst vor den schrecklichen Bombern vorüber. Die Brikett-
zuteilung war knapp, die Braunkohle heizte nicht gut, denn
sie war relativ wasserhaltig. Wie können wir wenigstens am
Heiligabend die „Bude" ein bißchen warm bekommen?, fragten wir uns auch an diesem Weihnachtsfest im Jahre 1948.

Irgendwo auf einer Halde – das hatten Hausbewohner ge-
sichtet – lag ein herrenloser Haufen Koks, der zum Mitnehmen einlud. Wir wußten, daß wir uns damit die Öfen
durchfeuern könnten, aber das war im Moment gleichgültig.
So holten auch wir uns Koks von dort. Die Wohnküche, in
der sich fast unser ganzes Familienleben abspielte, sollte vor-
zugsweise warm sein, also verwendeten wir hier Braunkohle. Die Wohnstube benutzten wir selten, um Kohlen zu spa-
ren. Den Koks hoben wir uns als Notvorrat auf.

Und dann kam der Schrecken zu Weihnachten: Als ich am
Heiligabend von der Arbeit nach Hause kam, trat mir meine
Mutter schreckverstört entgegen.

„Mein Gott! Was ist denn los?"

„Ach, wir hätten abbrennen können! Unter dem Koks
befinden sich Teerbrocken, die man nicht sieht. Ich habe sie
auch zwischen dem Koks nicht vermutet. Der brennende Teer
ist aus dem Ofen gelaufen, und ich hatte zu tun, die bren-

nenden Bächlein wieder zurück in den Ofen zu schippen, bevor sie vom Ofenblech auf die Holzdielen gelangten."

Jetzt war alles ruhig, aber ich selbst war natürlich nachträglich schockiert.

Meine Mutter blieb verstört. „Wer denkt denn an so was?"

An diesem Heiligabend waren wir wortkarg und malten uns im Stillen aus, wie es geworden wäre, wenn meine Mutter nicht rechtzeitig die brennenden Bächlein bemerkt hätte. War es ein Unglück oder doch eher ein wenig Glück?

Schreckhaft war es auf alle Fälle.

Wer wünschte sich in den harten Nachkriegswintern nicht zum Weihnachtsfest vor allem eine warme Stube? Noch bis zum Ende der DDR gab es die Kohlenzuteilung, gestaffelt nach der Familiengröße, auf der Hausbrandgrundkarte. Bis zum 30. April mußte man seine Bestellung beim zuständigen Kohlenhandel abgeben. Die freiverkäufliche Kohle, unterteilt nach Sommer- und Winterkohle, war wesentlich teurer.

(Weitere ZEITGUT-Beiträge der Autorin sind am Buchende vermerkt.)

[Sprenge, Nordrhein-Westfalen;
Anfang der 50er Jahre]

Eberhard Groeger

Der gerettete Weihnachtsbraten

An einem ersten Weihnachtstag Anfang der fünfziger Jahre hielt Pastor Ossenbühl in Spenge den Festgottesdienst, in dessen Verlauf natürlich vom Kirchenchor und von der Gemeinde auch einige Weihnachtschoräle gesungen wurden. Als die Gemeinde mit der zweiten Strophe des alten Hymnus „Gelobet seist du, Jesu Christ ...“ an der Reihe war und Pastor Ossenbühl kräftig mitsang, wurde er an der Stelle „... in unser armes Fleisch und Blut ...“ schlagartig unruhig. Siedendheiß fiel ihm ein, daß er vor dem Gang zur Kirche vergessen hatte, den Ofen Zuhause auszustellen, wie es ihm seine Frau aufgetragen hatte. Sie mußte schon vor ihm das Haus verlassen, um eine alte Dame aus dem Martinstift abzuholen. Frau Ossenbühl hatte den Festtagsbraten schon frühmorgens vorgebraten, weil der Gottesdienst an diesem Feiertag ohnehin länger als normal dauern würde, vom Abendmahl ganz abgesehen, und das Pastorenehepaar danach auch noch im St.-Martin-Stift Besuche zu machen hatte. Der Braten sollte aber trotzdem mittags möglichst pünktlich auf dem Tisch stehen, denn Gäste wurden erwartet.

Bei dem Gedanken an das Fleisch lief es Paul Ossenbühl heiß und kalt den Rücken hinunter. Seine Frau, die mitten in den vollbesetzten Reihen der Gemeinde saß, zu informieren, hätte den Ablauf des Gottesdienstes zu sehr gestört. Zudem hätte sie für große Unruhe unter den Leuten gesorgt, wenn sie die Kirche vor aller Augen verlassen hätte. Der gestreßte Pfarrer entschied sich spontan anders.

Schwester Anneliese, eine Bethel-Diakonisse und eine der Gemeindeschwestern der Kirchengemeinde St. Martin, die durch ihre praktische und couragierte Art schon oft heikelste Situationen gemeistert hatte, erwies sich auch dieses Mal als Retterin in der Not. Nachdem Pastor Ossenbühl ihr, die vorne in der ersten Reihe gut erreichbar war, eindringlich zuge-

Um unseren Pastor Ossenbühl ranken sich einige Anekdoten. Als er 1935 seine neue Stelle in der Spenger Kirchengemeinde antrat, war dies das allgemeine Dorfgesprächsthema. Eine alte Dame fragte, natürlich auf Platt: „Wie het denn iuse nuije Paster?" Die Antwort war: „Dat es Pastor Ossenbühl." Als dieser bald darauf bei ihr einen Besuch machte, begrüßte sie ihn auf Hochdeutsch: „Guten Tag, Herr Pastor Ochsenbeutel."

raunt hatte, daß er ganz dringend für kurze Zeit nach Hause ins Pfarrhaus müßte, wußte sie sofort, was nun von ihr erwartet wurde. Während der Pfarrer sich in der Sakristei schnell seinen Mantel über den Talar warf, seinen Hut aufsetzte, den mit einer leichten Schneedecke überzogenen Kirchhof am Blücherstein vorbei überquerte und ihn dann durch die Kirchhofsmauer über die fünf Stufen abwärts verließ, hatte die Gemeinde die dritte Strophe des Chorals beendet. Noch

Das Pfarrhaus in Spenge.

vier weitere waren zu singen – gesungen wurde damals in Spenge wie überall nicht in dem heutigen schnellen Tempo.

Der eilige Pastor hatte den Bauernhof Ellersiek schon längst in Richtung Charlottenburg passiert. Der sonst übliche Matsch und die ständigen Pfützen auf diesem Weg durch das Siek (feuchtes Niederungsgebiet) konnten ihm bei dem Frost heute glücklicherweise nichts anhaben. Schnell erreichte er den Feldweg an der Besitzung Kleinebenne und der alten Linde, neben der früher das Spritzenhaus mit der Arrestzelle stand, – den früheren „Eikamp". Das St.-Martins-Stift an der Poststraße, das Haus von Rektor John daneben und sein 1903 erbautes Pfarrhaus auf der gegenüberliegenden Seite der Poststraße lagen vor ihm.

Schwester Anneliese indes überbrückte seine Abwesenheit damit, daß sie die Messianischen Weissagungen vom Altar aus vorlas. Hierüber wunderte sich die Organistin auf der Orgelempore und gab dieses dem Chor durch entsprechende ratlose Mimik zu verstehen; denn auf ihrem mit dem Pfarrer besprochenen Festgottesdienstablauf war diese Lesung nicht vorgesehen. Die Gemeinde allerdings wunderte sich nicht. Schwester Anneliese übernahm nämlich ab und zu einen damals noch nicht von Laien ausgeführten Lektorendienst in St. Martin, so wie sie auch beim Abendmahl oftmals assistierend half.

Der Ofen im Pastorenhaus war schnell und noch rechtzeitig ausgeschaltet, der Bratenduft hatte sich schon im ganzen Haus verbreitet. Pastor Ossenbühl war auf dem Rückweg. Er benutzte den Weg, der schon immer der direkteste Kirchweg der Pastoren der St.-Martins-Pfarre war. An der Kirchhofstreppe hörte Pastor Ossenbühl bei kräftiger Orgelbegleitung lauten Gemeindegesang: „Lobt Gott, Ihr Christen allzu gleich". Dieser alte Choral war ebenfalls nicht programmgemäß und deshalb auch nicht an den Liedertafeln angezeigt gewesen.

Nun wunderte sich die Gemeinde doch, als Schwester Anneliese nach ihrer Lesung dieses Lied mit allen Strophen selbstbewußt angekündigt hatte, aber die Organistin noch viel mehr, die sich plötzlich auf ein zusätzliches Lied mit Vorspiel und Begleitung einzustellen gezwungen sah. Wer es hätte beobachten können, hätte bemerkt, daß Frau Paula Ossenbühl etwas unruhig mit fragenden Gedanken im Kopf in der Kirchenbank saß.

Pastor Ossenbühl trat schmunzelnd in die Sakristei, legte Hut und Mantel beiseite und griff nach seinem bereitliegenden Gesangbuch. Die fünfte Strophe sang er hier auf der kleinen Bank laut mit, trat bei der letzten Strophe singend und würdevoll aus der Sakristei heraus und bestieg die Kanzel zur Predigt. Frau Ossenbühl war erleichtert, wenn auch nicht ganz beruhigt. Der Gottesdienst wurde planmäßig mit Gebeten, Orgel-, Bläsermusik und Chor- und Gemeindegesang fortgesetzt.

Pastors Weihnachtsbraten aber war sehr gut gelungen und wurde beim späteren Festtagsmahl von den Gästen gelobt.

(Weitere ZEITGUT-Beiträge des Autors sind am Buchende vermerkt.)

[Eltville im Rheingau, Hessen;
1953]

Karl-Heinz Sommer

Unser erster Weihnachtsbraten

Es ist schon weit über fünfzig Jahre her und doch amüsieren
wir uns immer noch über unser damaliges Mißgeschick, wenn
wir manchmal die alten Zeiten Revue passieren lassen. Damals, 1953, waren wir aber nicht „very amused".

Jaqueline und ich waren gerade erst einige Monate ver-
heiratet und lebten in Eltville, einer kleinen, netten Stadt
im Rheingau. Meine junge französische Frau war noch nicht
so recht in Deutschland angekommen, alles war für sie fremd
und ungewohnt. Vor allem hatte sie mit der deutschen Sprache erhebliche Schwierigkeiten, denn als sie einige Monate
zuvor die deutsche Grenze zum ersten Mal überschritt, verstand sie noch kein deutsches Wort. Unsere Sprache erschien
ihr damals wie ein Buch mit sieben Siegeln.

Natürlich machte sie sich sofort mit Eifer daran, die Sprache ihrer neuen Heimat zu lernen. Sie hatte sich dafür bereits vor ihrer Abreise ein Buch gekauft, mit dem ich nicht
sonderlich einverstanden war, denn einer der ersten Sätze,
den sie mir daraus zitierte, lautete: „Meine Frau hat immer
recht." Ich habe ihr dann aber versucht klarzumachen, daß
dies ein ganz schlechtes Deutsch sei.

Besonders beliebt war diese junge Französin beim Ver-
kaufspersonal der einschlägigen Geschäfte wie Kaisers Kaf-
feegeschäft, Bäcker und Metzger. Beim letzten hatte sie einmal Kalbfleisch kaufen wollen, kannte aber noch nicht das

deutsche Wort Kalb und verlangte: „Isch möchte ein Pfund von Kind von Kuh."

Ähnliches passierte öfter, womit sie nicht unerheblich zur guten Stimmung der Verkäufer und Verkäuferinnen beitrug. Das Personal riß sich förmlich darum, sie bedienen zu dürfen. Alle hatten ihren Spaß, auch meine Frau lachte über ihre Fehler. Einmal fragte ein Verkäufer: „Was machen Sie eigentlich in Deutschland?"

Worauf meine Frau antwortete: „Meine Mann ist deutsch." Über seine Reaktion haben wir uns noch oft amüsiert: „Daß ein Deutscher eine Französin heiratet, kann ich gut verstehen, aber eine Französin einen Deutschen, das ist mir unbegreiflich."

Es war damals noch die Zeit der schmalen Geldbeutel. Der Krieg war kaum acht Jahre vorbei und die größte Not zwar behoben, aber es fehlte bei vielen Menschen, vor allem bei denen, die alles verloren hatten, noch an allen Ecken und Enden. Die Gehälter waren im Großen und Ganzen nicht sehr üppig, überall wurde gespart. Es gab Zigarettenpackungen mit drei oder vier Stück zu kaufen, an manchen Kiosken wurden Zigaretten sogar einzeln verkauft.

Auch wir mußten sehr rechnen, ich war meistens Alleinverdiener, da es für meine Frau in dieser Gegend kaum Arbeit gab. Nur einmal hatte sie für wenige Wochen eine Beschäftigung mit einen Stundenlohn von 0,89 DM; das Wirtschaftswunder war noch nicht angebrochen.

Zu Weihnachten wollten wir uns aber doch etwas Besonderes leisten, ein Brathähnchen. Manche der jüngeren Leser werden heute hierüber vielleicht nur mitleidig lächeln, aber zur damaligen Zeit war ein knuspriges Hähnchen, das man heute in jedem Supermarkt bzw. im Bierzelt als Massenware erhält, ein ganz besonderes Festtagsessen.

Der „Vogel" war gekauft, und wir freuten uns wahnsinnig auf den ersten Feiertag, wenn er im Bratofen landen würde. Der Tag war gekommen, durch unsere kleine, einfache Wohnung mit unserem ersten eigenen Weihnachtsbaum zog herrlicher Bratenduft. Mit einem Aperitif hatten wir bereits angestoßen, die Flasche Wein war schon entkorkt, und das Wasser lief uns im Munde zusammen. Wir konnten es kaum erwarten, uns zu Tisch zu setzen, um unser Hähnchen anzuschneiden. Gleich beim ersten Bissen stutzten wir, das Fleisch war recht zäh, der zweite und der dritte waren nicht besser. Wir schauten uns an und würgten sie todesmutig hinunter. Nein, das war nicht das, was wir uns erhofft hatten!

Besonders meiner Frau, die sich soviel Mühe gegeben hatte, stand die Enttäuschung ins Gesicht geschrieben.

Was sollten wir tun?

Also das Hähnchen nochmals in die Pfanne und weiter gebraten. Wir konnten jedoch machen, was wir wollten, eine bemerkenswerte Verbesserung war einfach nicht zu erreichen. Wir versuchten das Beste daraus zu machen, suchten uns die einigermaßen weichen Stücke heraus und erfreuten uns an der guten Soße, dem Gemüse und den Kartoffeln. Und dann wartete ja noch der Nachtisch auf uns, „des ceufs a la neige" – Eierschnee auf Vanillecreme –, der uns mit der Welt wieder etwas versöhnte. Für uns war das verkorkste Hähnchen trotzdem noch ein Festessen, denn wir waren so bescheiden geworden, das Leben während des Krieges und der Jahre danach hatte es uns gelehrt.

Trotzdem fragten wir uns, was mit dem Hähnchen nur schiefgelaufen war, wir hatten doch alles richtig gemacht?

Wir holten die Verpackung aus dem Abfalleimer und fanden die Erklärung. Auf der Folie stand: „Suppenhuhn".

Das also war des Pudels Kern!

Meine kleine Französin war damals sprachlich noch nicht soweit, den Unterschied zwischen einem Brathähnchen und einem Suppenhuhn zu erkennen, und ich hatte sowieso keine Ahnung. Von der Mutter hatte sie zwar gelernt, wie man die beiden voneinander unterscheidet, man muß nur mit dem Daumen auf das Brustbein drücken, um das junge Hähnchen

Meine junge Frau und ich bei einer Weihnachtsfeier ein Jahr später, 1954.

zu erkennen. Versuchen Sie das aber einmal bei einem tief-
gefrorenen Vogel! Da haben alle weisen Ratschläge keinen
Wert, und man steht einfach machtlos vis-a-vis.

Dieses nicht ganz gelungene Festessen hatte am Ende aber
doch noch eine gute Seite. Der Hund unseres Nachbarn, der
mich im Vorbeigehen immer böse ankläffte, war mein Freund
geworden. Wenn ich nun am Grundstück vorbeiging, lief er
freundlich schwanzwedelnd auf mich zu. Wieder einmal ein
Beweis, daß alle Dinge im Leben zwei Seiten haben.

*(Weitere **ZEITGUT**-Beiträge dieses Autors sind im Autorenverzeichnis
am Ende des Buches vermerkt.)*

[Hannover, Niedersachsen;
1958]

Waldemar Siesing

Weihnachtsstimmung im „Schloß Waterloo"

Obwohl schon über fünf Jahrzehnte vergangen sind, ist mir
die Vorweihnachtszeit des Jahres 1958, die ich als Heimleiter im längst nicht mehr bestehenden „Schloß Waterloo",
wie es damals im Volksmund hieß, verlebte, bis zum heutigen Tage in frischer Erinnerung geblieben. Dieses wuchtige,
alte Gebäude, das am Waterlooplatz in Hannovers Stadtmit-
te während der zweiten Hälfte des 19. Jahrhunderts als Mi-
litärgefängnis erbaut worden war und den Bombenhagel des
Zweiten Weltkrieges arg zerstört überlebte, war gleich nach
dem Schweigen der Waffen zum Jugendwohnheim umgebaut
und von männlichen Jugendlichen im Alter zwischen 14 und
21 Lebensjahren bezogen worden. Die Volljährigkeitsgrenze
war damals 21 Jahre, und somit war auch Studenten die Möglichkeit gegeben, neben Lehrlingen und Fachschülern im
„Schloß Waterloo" zu wohnen.

Die Verbindung zu einigen ehemaligen Heimbewohnern
ist bis zum heutigen Tage nicht abgerissen, und im Lichter-
schein der Adventskerzen steigt das Jahr 1958 wieder klar
und deutlich ins Rampenlicht. Ich sehe vor dem Eingang des
Heimes den großen Tannenbaum im farbenreichen Glanz stehen, werde von den lichthellen Kerzen am Adventskranz im
Pförtnerzimmer begrüßt, betrete die langen, mit Tannenzweigen an den Wänden geschmückten Flure des dreistöcki-
gen Hauses und höre aus den 45 Wohnzimmern, in denen

*Im „Schloß Waterloo", dem Jugend- und Lehrlingswohnheim der Arbeiter-
wohlfahrt am Waterlooplatz in Hannover, fanden viele Jugendliche nach
dem Krieg ein neues Zuhause. Die Postkarte zeigt rechts oben den Jazz-
keller und unten Billardspieler im großen Saal. Hier gestalteten wir auch
unsere Weihnachtsfeiern.*

die Jugendlichen wohnen, frohes Leben und Treiben und im
Hintergrund Weihnachtslieder, die aus dem Radio ertönen.
Weihnachtsstimmung, das spürt man, beflügelt das Leben der
170 bis 180 Bewohner und drückt dem alten Gebäude seinen
Stempel auf. Viele Jugendliche, die in den Vierbettzimmern
des Heimes ihr Zuhause fanden, nachdem sie oft die Eltern
im Krieg verloren hatten, die Heimat im Osten fluchtartig
verlassen mußten, waren hier heimisch geworden.
   Wichtig für die festliche Ausgestaltung, für die sichtbare
Weihnachtsstimmung waren die vielen großzügigen Spender, die Betriebe, in denen Heimbewohner als Lehrlinge tätig waren, die Wohlfahrtsverbände und Einzelpersonen, denn
von den Heimkosten konnten wir weder Tannenbäume noch

*In der Adventszeit luden meine Frau Gerda und ich, links, als Heimleiter-
ehepaar jeden Abend sechs Heimbewohner zu uns in die Wohnung ein.
Wir wohnten mit ihnen unter einem Dach und fühlten uns immer als
Eltern.*

Süßigkeiten, Getränke und Tannenschmuck kaufen. Der vom
Staat genehmigte Tagessatz deckte gerade die Lebensunko-
sten des Heimbetriebes. Voller Freude und großer Dankbar-
keit denke ich noch heute an all die vielen Spender, die dazu
beigetragen hatten, daß wir mit den Bewohnern eine fröhliche und festliche Adventszeit begehen konnten.

Ab dem ersten Adventssonntag haben meine Frau und ich
fast jeden Abend sechs Heimbewohner zu uns in die Wohnung eingeladen, um mit ihnen eine gemeinsame friedliche
Vorweihnachtszeit zu begehen. Bei Kakao und Weihnachts-
stollen saßen wir bei Kerzenlicht gemütlich beisammen und
hörten den Berichten der Jugendlichen zu. Man spürte, sie
wollten etwas loswerden, das sie in den letzten Jahren arg
beschäftigte und nicht zur Ruhe kommen ließ. Sie erzählten

von ihrer Kindheit, schließlich waren sie meist kurz vor Beginn des Krieges geboren, berichteten von der Ankunft der Nachricht, daß der Vater an der Front gefallen war, daß sie mit der Mutter und den Großeltern Haus und Hof plötzlich verlassen mußten und von der schweren Zeit gleich nach dem Krieg. Kurz vor dem Auseinandergehen sangen wir meist gemeinsam ein Weihnachtslied, und ich begleitete die Jungen noch bis zum Bett und blieb bei manchem, bis er sich zum Schlafen hinlegte.

Der 5. und 6. Dezember waren die Ausnahme, denn an diesen beiden Abenden fanden die Adventsfeiern der Heimfußballmannschaften beziehungsweise der Tischtennisspieler des Heimes im Saale statt. Der Saal war festlich geschmückt mit Urkunden und Pokalen, die die Heimmannschaften im Laufe des Sommers gewonnen hatten. Die Tische waren mit weißen Tüchern und grünen Tannenzweigen bedeckt und der Heimklavierspieler umrahmte den

Adventsfeier mit unseren Sportlern 1958 im großen Saal.

Abend mit abwechslungsreicher Musik. Knecht Ruprecht –
es war ein Heimmitarbeiter – übergab jedem aktiven Sport-
ler ein kleines Päckchen mit Süßigkeiten, und ich verlieh
jedem von ihnen, der im Laufe des Jahres an mehr als zehn
Spielen gegen andere Heime, Betriebe in der Stadt und im
Umfeld teilgenommen hatte, eine Urkunde, die man meist
wenige Tage nach der Verleihung eingerahmt im Wohnzimmer wiederfinden konnte.

Der 20. Dezember war dann für alle, Bewohner und Mitar-
beiter, der Tag der großen Weihnachtsfeier. Der große Saal
war in ein grünes Tannenmeer getaucht, die Wände waren
ringsum mit Tannenzweigen geschmückt und die Fenstersim-
se grün ausgelegt. Die weißen Tischtücher zierten Advents-
kränze mit roten Kerzen, und neben den Kakaotassen standen buntbemalte Pappteller mit vielen süßen Sachen. Am obe-
ren Ende des Saales stand ein großer Tannenbaum, der mit
bunten Kugeln, Lametta und weißen Kerzen versehen war.
Wir hatten für die Lehrlinge, die nach 18 Uhr erst Dienst-
schluß hatten, von ihren Betrieben eine frühere Freistellung
bekommen, so daß alle zum Beginn der Weihnachtsfeier anwesend sein konnten.

Die Kerzen sandten ein strahlendes Festtagslicht aus, der
Klavierspieler empfing die Ankömmlinge mit vertrauten
Klängen der Weihnachtszeit und über Zeit und Raum lag
eine unbeschreiblich fröhliche und friedliche Stimmung. Auf
Wunsch der Heimsprecher, die in den Tagen zuvor mit den
Bewohnern gesprochen hatten, erzählte ich ein Erlebnis, das
ich vor einem Jahrzehnt in den Weiten Rußlands hinter Sta-
cheldraht hatte und das mir Weihnachten so herzensnah
gebracht hatte. Danach wurde Kakao von den Küchendamen
ausgeschenkt, Honigkuchen und Stollen nachgereicht, tüchtig gegessen und zwanglos geplaudert.

Der Klavierspieler begleitete die Tischgespräche, als
plötzlich ein lautes Klopfen und Poltern an der Eingangs-

tür zu hören war. Wie aus einem Munde riefen alle im Saal: „Herein!"

Im nächsten Augenblick dominierte eine unbeschreibliche Stille. Die Tür ging weit auf und mit stampfenden Schritten betraten der Weihnachtsmann und sein Knecht Ruprecht den Saal. Hinter sich zogen sie zwei mit Säcken beladene Schlitten, und die tiefe Stimme des Weihnachtsmannes ertönte und fragte: „Sind nur artige Kinder hier im Saal?"

Wie auf Kommando riefen Jung und Alt: „Ja, wir sind alle sehr artig!"

Das Klavier schwieg und für einige Minuten war es sehr still. Der Weihnachtsmann öffnete die Säcke, und holte Päckchen für Päckchen heraus. Mit lauter Stimme rief er die Namen, die auf den Päckchen vermerkt waren, und dann kam eine wunderschöne Unruhe in den Saal, denn die Aufgerufenen mußten nach vorn zum Weihnachtsmann kommen und ihr Weihnachtspäckchen in Empfang nehmen. Die Spenden hatten es uns ermöglicht, nicht nur Süßigkeiten in die Päckchen zu packen, nein, ein jeder bekam noch eine Kleinigkeit, zum Beispiel einen Schal, ein Paar Strümpfe, Seife, Rasierklingen und Schreibutensilien.

Schon nach wenigen Minuten hatte lautes Jubilieren und Lachen die Unruhe abgelöst. Der Weihnachtsmann und sein Knecht Ruprecht wurden mit Dankesrufen und Klatschen verabschiedet, der Klavierspieler schlug die Takte an zu „Stille Nacht", und alle im Saal sangen aus vollem Halse mit. Langsam leerte sich der Saal, und alle gingen mit strahlenden Augen von dannen.

Schon am nächsten Tag fuhren die ersten Jugendlichen nach Hause. Ungefähr dreißig hatten keine Angehörigen, sie blieben bei uns im Heim. Hannoversche Familien hatten zwanzig Jugendliche vom Heiligen Abend bis zum zweiten Feiertag zu sich eingeladen. Mit zehn Jugendlichen blieben wir über die Festtage im Heim. Am Heiligen Abend hatten wir sie zu uns eingeladen. Meine Frau und ich spielten den Weihnachtsmann, wir bescherten die Jungen und saßen dann bei einem warmen Essen gemütlich beisammen. Bis Mitternacht unterhielten wir uns, hörten Schallplattenmusik und ließen uns die süßen Sachen gut munden. Die Mahlzeiten an den beiden Weihnachtstagen nahmen wir immer gemeinsam ein.

Noch heute denke ich gern an meine erste im Heim verlebte Weihnacht, 38 weitere sollten noch folgen. Und immer haben wir den 20. Dezember zum Höhepunkt der Weihnacht im Heim gemacht, denn an einem 20. Dezember, 1687 Tage nach Kriegsschluß, bin ich einst aus russischer Kriegsgefangenschaft in die Freiheit nach Hause gekommen. Da war ich 26 Jahre alt und hatte keinen Schul- oder Berufsabschluß vorzuweisen. In der Gefangenschaft hatte mich Makarenkos Buch „Der Weg ins Leben" in meinem Wunsch bekräftigt, mit Jugendlichen zu arbeiten. Sie sollten es einmal besser haben als ich.

*(Weitere **ZEITGUT**-Beiträge dieses Autors sind im Autorenverzeichnis am Ende des Buches vermerkt.)*

[Mühlhausen, Thüringen;
1958–1966]

Birgit Schaube

Der blaue Pelikan

Die Vorweihnachtszeit übte auf mich schon immer einen ganz besonderen Reiz aus und das ist bis heute so geblieben. Jedes Jahr, wenn unsere große, traditionelle Stadtkirmes vorbei ist, beginnen für mich die schönsten Wochen. Ich mag den Herbst und den Winter sehr, sie geben mir Geborgenheit und Wärme. Die Farben der Natur, das Kürzerwerden der Tage, die Vorfreude auf den Winter und das Nahen der Adventszeit strahlen Ruhe und Frieden aus. Von der heute vielfach herrschenden Hektik und Unpersönlichkeit vor und zu den Feiertagen lasse ich mich keinesfalls anstecken.

Als Kind bekam ich zwar die Armut, die in den ersten Nachkriegsjahren vielerorts herrschte, nicht mehr zu spüren, doch ich sah schon, daß meine Eltern sparsam mit dem Geld umgehen mußten. Nichts war selbstverständlich, ich freute mich schon über Kleinigkeiten.

Im Gegensatz zu heute kamen Schokoladenweihnachtsmänner, Pfefferkuchenhäuschen, Spekulatius und Nüsse erst kurz vor der Adventszeit in den Handel. Für ein paar Apfelsinen mußte man einige Stunden geduldig anstehen, aber auch das machte die vorweihnachtliche Stimmung aus. Wie freuten wir uns, wenn dann die vielen Köstlichkeiten auf den mit Märchenmotiven versehenen bunten Papptellern unter dem Weihnachtsbaum lagen. Die Schaufenster unserer In-

nenstadt waren weihnachtlich beleuchtet und mit Tanne geschmückt. In den Spielwarengeschäften lachten uns große
Teddybären und verschiedenartige Puppen mit hübsch gehäkelten Kleidchen entgegen. Sie lagen in buntbemalten Bett-
chen oder Wiegen, daneben standen Windelkästen für die
pflichtbewußten Puppenmuttis. Dazwischen sah man Brumm-
kreisel oder eine aufgezogene Eisenbahn, die unermüdlich ihre
Runden drehte, Perlenkästen für Mädchen oder Bausteine und
Handwerkszubehör für Jungen – ein Anblick, der selbst die
Herzen der Erwachsenen höher schlagen ließ.

In meiner Erinnerung taucht immer wieder ein lebensgroßer
Weihnachtsmann mit Sack und Rute auf, der im Schaufenster des Spielwarengeschäftes „Fleck" in der Linsenstraße
zwischen all den vielen bunten Dingen den Vorbeieilenden
freundlich und zugleich ermahnend zunickte. Ging Mutti mit

*Der Steinweg, die Haupteinkaufsstraße von Mühlhausen in den 60er
Jahren. Die Straßenbahn fuhr damals durch den gesamten Stadtkern.
1969 hatte die Bahn ihre letzte Fahrt und wurde leider durch Busse im
Außenstadtbereich ersetzt.*

*Sehnsüchtig blickt das kleine Mädchen in das Schaufenster eines Spielwaren-
geschäftes in Ost-Berlin.*

mir durch die Stadt, führte der Weg unweigerlich daran vorbei. Ich war etwa zehn Jahre alt, als ich mich noch einmal in
ein Puppenkind verliebte, das zu Füßen des roten Bärtigen
saß. Mein Wunsch ging in Erfüllung, und der Weihnachtsmann brachte mir diese Puppe. Ich besitze sie noch heute.

Stollen backen

Mit viel Mühe begannen wir schon Ende September damit,
die Zutaten für die Weihnachtsbäckerei zusammenzutragen,
die ein fester Bestandteil der Vorbereitungen auf das Fest
war. Hauptsächlich standen die Schittchen, wie die Christ-
stollen bei uns heißen, auf dem Programm. Meine Eltern
stammten aus Thüringen und daher war dies eine liebge-
wonnene Tradition. Mit viel Mühe und Geduld wurden die
Zutaten am Vorabend des Backtages, der immer ein Sams-

tag war, vorbereitet. Rosinen, Mandeln, Zitronat und Orangeat wurden fein gehackt. Am Abend heizten wir die Küche schön warm und setzten in einer großen Backmolle, einem ovalen Holztrog, das Hefestück an. Den Duft und die Vorfreude auf diese Leckerei nahm ich mit in den Schlaf.

Meine Mutti stellte sich den Wecker auf 4 Uhr, denn in aller Frühe mußte der Teig verarbeitet werden, damit er rechtzeitig um 7 Uhr beim Bäcker abgegeben werden konnte, der ihn im großen Ofen buk. Wenn wir gegen Mittag Schulschluß hatten – damals fand auch samstags Unterricht statt –, schauten wir auf dem Heimweg durch das Fenster in die Backstube der Bäckerei „Feistel" in der Karl-Liebknecht-Straße, die im Kellergeschoß lag. In der Hocke hatten wir vom Bürgersteig aus einen tadellosen Blick auf die dortige hektische Betriebsamkeit. Mit langen Holzschiebern wurden die fertigen Schittchen aus dem Ofen geholt und die nächsten geformt und eingeschoben. Und ein Duft war das!

Gegen Mittag ging mein Vati mit einem großen runden Kuchenbrett die fertigen Backstücke abholen, die auf dem Heimweg mit einem Tuch abgedeckt waren. Sie waren mit kleinen angespitzten Metallschildchen, auf denen unser Name stand, versehen, um Verwechslungen mit anderen Kunden auszuschließen. Zu Hause wurden dann die Stollen mit zerlassener Butter bestrichen und dick mit Puderzucker bestäubt, um anschließend wenigstens für eine Woche abgedeckt auf dem Wäscheschrank im kühlen Elternschlafzimmer gelagert zu werden. Die ganze Wohnung duftete himmlisch danach.

Der Anschnitt am ersten Adventssonntag war eine Feierlichkeit für sich. Einmal hatten wir Pech und der Bäcker, vielleicht war es auch ein Lehrling gewesen, hatte unsere Schittchen zu lange im Ofen gelassen, so daß sie innen rotbraun waren. Sie hätten die „Ofenröte", hieß es. Dies war aufgrund des knappen Geldes zwar bedauerlich, aber wir ließen uns die Weihnachtsbäckerei trotzdem schmecken.

Es war noch in meiner Vorschulzeit. Am Vorabend des Nikolaustages hatte ich meine Schuhe, die zu der damaligen Zeit noch braun, aber schön warm gefüttert waren, blitzblank geputzt an die Tür gestellt. Ich glaubte fest, der Nikolaus wolle mich nicht persönlich kennenlernen, da ich laut Aussage der Kindergartentante als vorbildliches Kind im „Goldenen Buch" stünde. Doch an jenem 6. Dezember klopfte es heftig an unsere Wohnungstür. Mit meinem Frohsinn war es schlagartig vorbei. „Rein zufällig" war auch meine „Ersatzoma" Tante Hellfach anwesend. Sie wohnte mit in unserem Haus, hatte selbst keine Kinder und nun auch keinen Mann mehr. Mit meinen Eltern und Geschwistern war sie seit Kriegszeiten befreundet. Gemeinsam hatten sie bei Bombenangriffen im Luftschutzkeller gesessen.

Der Nikolaus nun, der so groß wie der Türrahmen war, wedelte mit seiner Rute zwischen ihr und mir, die wir zusammen auf dem Sofa saßen, furchterregend hin und her und grummelte mir Schwerverständliches entgegen, bevor er die Tür hinter sich zuschlug. Nach dem Schreck lief ich zu meinen Schuhen. Die Freude über Äpfel, Nüsse und Pfefferkuchen war nicht zu übertreffen. Wie ich später erfuhr, hatte mein an sich schon sehr beleibter Onkel Otto unter dem roten Mantel gesteckt. Unter seine Schuhe hatte er sich Holzklötzer gebunden, damit es recht polterte und der Nikolaus mit seinem Auftreten mich noch mehr beeindruckte. Das war ihm gelungen.

Dem Öffnen des Weihnachtskalenders mit seinen damals wunderschönen Illustrationen fieberte ich regelrecht entgegen. Jeden Tag war ich aufs Neue gespannt, was für ein Bildchen zum Vorschein kommen würde. Auch diese Tradition habe ich mir bewahrt.

Für die Adventszeit ließen wir uns in einem der zahlreichen kleinen Blumengeschäfte für 2,50 DDR-Mark einen Kranz aus echter Tanne binden. Der starke Tannenduft erfüllte den ganzen Raum, so daß einem warm ums Herz wur-

*Weihnachtsfeier
in Vatis Betrieb 1959.
Er steht daneben,
während mir der
Weihnachtsmann ein
Geschenk überreicht.*

de und es höher schlug, sobald man an die Heimlichkeiten des bevorstehenden Weihnachtsfestes dachte.

In der Christenlehre erhielten wir Kinder eine Mappe mit biblischen Geschichten und kirchlichen Liedern zum Fest. An den Adventssonntagen dann, wenn es gegen Abend anfing zu dämmern, saß mein Vati mit mir am Tisch und sang bei angezündeten Kerzen das eine oder andere Weihnachtslied. „Macht hoch die Tür, die Tor macht weit" gehörte jeden Sonntag dazu, ich mochte es gern, es ist so besinnlich.

Welchen Gedanken meine Mutti nachging, während sie mit ihrer Handarbeit im Sessel saß, weiß ich nicht. Jedenfalls trug sie ein warmherziges Lächeln im Gesicht. Sicher war sie froh darüber, daß nach den schweren Jahren des Krieges und der Nachkriegszeit, in denen sie meine beiden älteren Geschwister unter vielen Entbehrungen großgezogen hatten, endlich eine bessere Zeit angebrochen war. Wenn ich auch die Kriegszeit nur vom Hörensagen kannte, gönnte ich meinen Eltern diese Zufriedenheit von ganzem Herzen.

Auch die Weihnachtsfeiern in Vatis kleiner Maler-PGH „Freundschaft" waren immer ein Höhepunkt für mich. Trotz knapper finanzieller Mittel wurde für die Kinder der 15 Angestellten der Produktionsgenossenschaft jedes Jahr dieses vorweihnachtliche Vergnügen organisiert, bei dem es auch ein Geschenk gab, das die Muttis vorher gekauft hatten. Ich erinnere mich noch sehr genau an Puppenhaus-Möbel, ein Wohnzimmer mit Fernseher und einem Schalensessel. Wie habe ich mich da gefreut!

Weihnachtspakete aus dem Westen

In den 60er Jahren war in der DDR Vieles Mangelware. Meine Mutti nutzte daher die Adventssonntage, an denen die Geschäfte zusätzlich von 13 bis 16 Uhr geöffnet hatten, um die eine oder andere Besonderheit zu erhaschen. Wenn man noch die Verkäuferin gut kannte, holte diese manch langgesuchte Ware unter dem Ladentisch hervor. Auf diese Art und Weise kam ich auch endlich mit zwölf Jahren zu meinen ersten Filzstiften. Nicht etwa im Sechserpack, nein einzeln, wie sie gerade im Laden erhältlich gewesen waren. Man sammelte dann so lange, bis man alle Farben in der Federtasche hatte. Endlich konnte auch ich damit „glänzen", denn unsere Familie gehörte nicht zu jenen, die regelmäßig Westpakete bekamen und lange vor den anderen Neuheiten besaßen.

Aber einmal im Jahr, zu Weihnachten, erhielten auch wir ein Päckchen aus dem Westen, wo Bekannte und eine Tante

von uns lebten. In der Vorweihnachtszeit lauerten wir förmlich auf das Klingelzeichen des Postfahrers und waren bitter
enttäuscht, wenn er ohne bei uns anzuhalten durch die „Kleine Waidstraße" Straße fuhr. Wie freuten wir uns, wenn auch
wir endlich unser Päckchen in den Händen hielten!

Meist beinhaltete es drei Tafeln Schokolade, Kaffee, Kakao
und ein paar Schokoladenhohlkörper für den Weihnachtsbaum,
manchmal noch Kokosraspeln oder schwarzen Pfeffer, den es
damals in der DDR wahrscheinlich schlecht gab. Allein schon
der Duft dieser Köstlichkeiten! Im Westen roch alles einfach
anders als bei uns.

Hatte jedoch das Päckchen ein schwarzes Dreieck aufge-
stempelt bekommen, bedeutete das nichts Gutes: Es war durch
die Kontrolle gegangen, und es kam schon mal vor, daß die
Packungen Kaffee, Kakao und Kokosraspeln, selbst der Pfeffer, aufgestochen waren und der Inhalt sich vermischt hatte.
Es hing wohl von der Laune der Amtsperson ab. Oft war auch
die Schokolade zerbrochen, aber die mußte man ja ohnehin
vor dem Genuß zerkleinern.

Ganz großes Glück hatte ich, wenn in dem Päckchen noch
ein Nylon-Pullover vom Typ Rolli, leider aber in Braun oder
Flaschengrün lag. Diese Farben waren wohl preisgünstiger
oder vom Schlußverkauf, aber man zog ja schließlich alles an,
Hauptsache es war von „drüben". Mit weißen Krageneinsät-
zen konnte man das Ganze etwas auflockern. Trotzdem
schwankte mein Empfinden in diesem Fall immer zwischen
Freude und Traurigkeit.

Einmal fand ich unterm Weihnachtsbaum einen blauen
„Pelikan"-Patronenfederhalter. Für uns DDR-Kinder etwas
Besonderes, denn das Befüllen aus dem Tintenfäßchen ent-
fiel nun endlich. Dieses Geschenk war dank meiner anerzo-
genen Genügsamkeit nicht zu überbieten. Wie lange hatte
ich mir den schon gewünscht! Mehrfach hatte ich es gegenüber meiner Tante vorsichtig im Brief geäußert, aber immer ohne Erfolg. Ein Wunder war für mich geschehen!

*Meine Eltern, Ottilie und Gerhard Seeligmann aus Mühlhausen in
Thüringen, mit ihren beiden „Kriegskindern". Der Vater hat über
Weihnachten 1943 Fronturlaub bekommen.*

Dieser „blaue Pelikan" begleitete mich nun treu viele Jahre in die „Thomas-Müntzer-Schule" meiner Heimatstadt und schrieb sogar noch mein Abitur mit mir. Diesen Füllhalter habe ich bestimmt 30 Jahre aufgehoben, er hatte für mich Symbolcharakter.

Am 24. Dezember gingen wir selbstverständlich um 18 Uhr zur Christmette in die Georgii-Kirche in Mühlhausen. Obwohl ich als Kind immer recht ungeduldig war, hätte ich dieses wohlige Gefühl der Vorfreude gern festgehalten. Tante Hellfach kam selbstverständlich mit uns zur Kirche und verbrachte auch den Abend bei uns. Da meine Mutti am ersten Weihnachtstag Geburtstag hatte, saßen wir alle bis nach Mitternacht beisammen. Aber es wurde nicht wie heute nur ferngesehen, sondern wir spielten Karten, während vom Schallplattenspieler Weihnachtslieder erklangen. Gern erinnerten sich die Erwachsenen auch an dieses oder jenes zurückliegende Weihnachtsfest. Für mich als Kind war es ein langer, glückseliger Abend.

Auch die Tage nach dem Fest hatten etwas Besinnliches. Besonders wenn es schneite und die Welt wie in Watte gepackt dalag. Wir Kinder hatten dann vor den Haustüren unsere Schlitterbahnen, auf denen wir bis zum Dunkelwerden schurrten. An den Füßen die bunten, warmen Ski-Söckchen, die unsere Muttis für uns gestrickt hatten. Mehr brauchten wir nicht zum Glücklichsein.

Für meine schöne, unbeschwerte und geborgene Kindheit bin ich meinen Eltern, die leider nicht mehr leben, unendlich dankbar. Die Erinnerung an die fröhlichen und doch besinnlichen Advents- und Weihnachtstage bewahre ich fest in meinem Herzen und erzähle gern auch hin und wieder meinen drei Kindern davon.

*(Weitere **ZEITGUT**-Beiträge dieser Autorin sind am Buchende vermerkt.)*

[Gelsenkirchen, Ruhrgebiet,
Nordrhein-Westfalen;
1964]

Margit Kruse

Süße Versuchung

Die Weihnachtszeit war auch im Jahre 1964 die schönste Zeit
des Jahres. Ein ruhiges Jahr näherte sich dem Ende. In Gelsenkirchen war der erste Bauabschnitt der Berliner Brücke,
das größte Bauvorhaben unserer Stadt, abgeschlossen worden. Das Hallenbad im Stadtteil Horst hatte Richtfest gefeiert und der Baubeginn des Zentralbades in der Innenstadt
war erfolgt. Alte und kranke Menschen wurden nun täglich
mit einer warmen Mahlzeit versorgt, da das Deutsche Rote
Kreuz das Essen auf Rädern eingeführt hatte. Im Hans-Sachs-
Haus fand im November zum ersten Mal ein Bühnen- und
Presseball statt. Doch war er nur für Menschen mit Rang und
Namen vorgesehen und wir, die Normalsterblichen, lasen davon nur in der Zeitung und bestaunten die schönen Fotos.

Am ersten Adventssonntag hatte sich Besuch von auswärts
angesagt. Eine Tante und ein Onkel aus Kamp-Lintfort wollten ihren lieben Verwandten in Gelsenkirchen einen Besuch
abstatten. Besuch ohne Kinder war für mich, fast acht Jahre
alt, langweilig und so blieb nur die Hoffnung auf ein anstän-
diges Mitbringsel. Gegen Nachmittag fuhren sie mit ihrer
weißen BMW Isetta vor und ließen sich von unserer ganzen
Familie schon beim Aussteigen bestaunen. Natürlich konnten sie mit ihren 13 PS nicht gegen die 30 PS des VW-Käfers
meines Vaters ankommen und schon waren die Männer in

eine rege Diskussion vertieft. Ich fand es spannend, ein Auto zu besitzen, in dem man vorne einsteigen mußte und bei dem sich das Lenkrad an der Tür befand.

Als wir endlich die Wohnung betraten und die Verwandten sich ihrer Wintersachen entledigt hatten, öffnete meine Tante endlich ihre Handtasche, um mir ein kleines Geschenk zu überreichen. Aufgeregt nahm ich es entgegen und öffnete das bunte Seidenpapier. Neugierig bestaunte ich den Inhalt: Vor mir lag eine Babypuppe ganz aus Schokolade, die in einem Puck aus gestanztem Wattevlies lag. Eine rosa Schleife hatte sie um ihren Bauch gebunden. Es handelte sich um ein Negerbaby – 1964 durfte man noch ohne als rassistisch zu gelten, das Wort Neger benutzen –, das süßer nicht aussehen konnte. Es war im wahrsten Sinne des Wortes zum Anbeißen. Es hatte ein filigranes Gesicht mit dicken Wangen und einer gezeichneten Haartolle. Und wie es roch!

Bis dahin war mir nie aufgefallen, wie gut Schokolade duftete. Ich trug es in meine Spielecke und unterzog es erst einmal einer genauen Untersuchung. Ich band die rosa Schleife auf und holte es aus dem Steckkissen. Der wohlgeformte Körper sah genau so appetitlich aus wie der Kopf. Ein wahres Kunstwerk war dieses Schokoladenbaby. Zum Aufessen viel zu schade, fand ich. Darum steckte ich es wieder in sein Nestchen und legte es in eine Zigarrenkiste, in der sich bis dahin meine Glanzbilder befanden. Das Baby brauchte schließlich ein Bett. So etwas Schönes hatte man mir noch nie mitgebracht. Ich gab meinem Schokopüppchen einen Namen und schwor mir, es niemals zu verspeisen. Der Geist ist willig, aber das Fleisch ist schwach, so hieß es zwar, doch ich hoffte, es würde auf mich nicht zutreffen. Täglich holte ich es aus der Kiste und spielte so lange mit ihm, bis meine Finger von Schokolade verschmiert waren. Der Geruch des appetitlichen Babys machte mich noch immer verrückt.

Einen Abend vor Nikolaus war ich schon drauf und dran, ihm fachmännisch die wohlgeformten Beine abzutrennen und sie zu essen. Ich dachte mir, die Beine seien das kleinste Übel und wenn ich es in seinem Windelpuck lassen würde, würde es gar nicht auffallen. Doch ich konnte mich noch einmal beherrschen. Die Nikolaustüten meiner Eltern sowie meiner beiden Omas, stillten für die nächsten Tage erst einmal meine Gier nach Süßem.

Die Zeit bis Weihnachten kam mir wieder einmal endlos lang vor. Am Adventskranz brannte erst die zweite Kerze. Auch in der Schule zündeten wir jeden Morgen eine Kerze an und sangen Weihnachtslieder. Doch all das verkürzte nicht das Warten auf Weihnachten. Und draußen war nichts los. Die Temperaturen waren in diesem Jahr sehr mild und ließen überhaupt keine winterliche Stimmung aufkommen. Meinen Wunschzettel hatte ich längst abgegeben. Ich konnte inzwischen schon richtig gut schreiben. Zu Ostern würde ich in die dritte Klasse kommen. Meine Wünsche waren in diesem Jahr fast bescheiden. Ein Puppen-Kaffeeservice von Melitta sollte es sein, in schönen Farben, rosa, hellblau und gelb, und nicht so winzig wie andere Services. Einen neuen Schlitten hätte ich gerne auch noch gehabt, doch da kein Schnee in Aussicht gestellt worden war, war es damit nicht so dringend.

Ich spielte immer noch täglich mit dem Schokobaby und je näher ich damit an den warmen Küchenofen kam, je weicher wurde das arme Püppchen, so daß ich es schnell wieder ins kalte Schlafzimmer brachte. Es war noch im Besitz aller Gliedmaßen und sah noch immer äußerst appetitlich aus.

Einen Tag vor dem Heiligen Abend – die Nikolaustüten waren längst leer – hielt ich es mit meinem Appetit auf Schokolade kaum mehr aus. Der Fernseher schwieg bis um 17 Uhr, denn erst dann fing das Programm auf den zwei Sendern an. Draußen auf dem Hof war alles wie ausgestorben. Ein feiner Nieselregen ließ alle Kinder in den Wohnungen spielen. Meine Eltern waren unterwegs, um letzte Einkäufe zu erledigen. Ich war stolz, daß ich alleine bleiben durfte und hatte ihnen

Die süßen Versuchungen sind gerade in der Vorweihnachtszeit riesengroß!
Wer kann da widerstehen?

hoch und heilig versprechen müssen, keine Kerzen anzuzünden und die Ofentür geschlossen zu halten. Vor mir lag das
schnuckelige Schokoladenbaby. Das Mittagessen war schon
Stunden her und mein Magen knurrte. Meine Mutter hatte
mir zwar 20 Pfennige gegeben, damit ich mir beim Bäcker
zwei Schokoküsse holten konnte, doch dazu sollte es erst gar
nicht kommen. Zwei große Jungen aus den drei Bauten in
der Schievenstraße – einem sozialen Brennpunkt unserer
Stadt – nahmen mir mein Geld ab und so war es nichts mit
dem Schokogenuß. Dabei hatte mir meine Mutter eingebläut,
nicht die Schievenstraße entlang, sondern anders herum, den
etwas längeren aber sicheren Weg über den Gartmannshof
zum Bäcker zu gehen. Gutgläubig wie ich war, dachte ich,
man würde mir schon nichts tun und ging schnurstracks an
den besagten drei Häusern vorbei, bis sich zwei Jungen mir
in den Weg stellten und mich regelrecht verhörten. Bei dem

Worten „Bäcker" und „Schokoküsse" klingelten bei den beiden Rotzlöffeln die Alarmglocken und sie zwangen mich, mein Geld abzugeben. Aus Angst tat ich das auch und kehrte heulend wieder um. Meinen Eltern erzählte ich natürlich nichts davon, da es sonst mein letzter Alleingang gewesen wäre.

So nahm ich das Schokobaby, brach ihm ganz vorsichtig ein Bein ab und schob es in den Mund. Hm, war das eine herrliche Schokolade, ganz zart und weich! Kein unangenehmes Brennen in meinem Hals. Das einbeinige Baby schaute mich aus traurigen Augen an und mir kamen schon wieder die Tränen. Eine Stimme in mir sagte: „Tue es nicht!", doch die andere war stärker: „Das schmeckt doch so lecker!", sagte sie. So kam auch das nächste Bein an die Reihe, es folgten die Arme.

Der Anblick der sich mir nun bot, war ein einziger Jammer. Ein Torso mit Kopf und immer noch blickten mich die Augen an! Ich brach den Kopf ab und steckte ihn mir ganz in den Mund. Fast wäre ich daran erstickt, doch mußte ich so den Anblick der Kulleraugen nicht mehr ertragen. Da es zu schade um den armen Torso war, legte ich diesen nun auch gleich nach. Zurück blieben nur die rosa Schleife und der Puck. Als meine Mutter, die inzwischen vom Einkauf zurück war, mich mit schokoladeverschmiertem Gesicht dasitzen sah, meinte sie nur: „Wie schade um das schöne Püppchen! Doch nun hat die arme Seele endlich Ruhe!"

Meinte sie mich oder das süße Schokopüppchen? Immerhin hatte es über drei Wochen lang gelebt und das sollte bei mir schon etwas heißen. Sicherlich würden die Verwandten mir bald wieder etwas Schönes mitbringen, tröstete ich mich.

Am nächsten Abend bei der Bescherung bekam ich mein Puppen-Kaffeeservice. Allerdings nicht das von Melitta, sondern eines mit Teddybären-Motiven und Goldrand. Es war wunderschön und ich hatte das Schokobaby bald vergessen.

(Weitere Weihnachtsgeschichten von Margit Kruse finden Sie in „Unvergessene Weihnachten. Band 2, 3 und 4".)

[Eberfing, Kreis Weilheim, Oberbayern;
1969]

Robert Kramer

Vom richtigen Nikolaus und vom Christkind

Je näher der Abend des 5. Dezember heranrückte, um so mehr
fieberten unsere beiden Kinder dem Nikolausabend entgegen. Wenn wir uns am Abend um den Tisch versammelten,
die erste Adventskerze anzündeten und Adventslieder sangen, wünschten sich die Kinder ganz selbstverständlich auch
das „Nikolauslied". Mit Begeisterung sangen sie:

Laßt uns froh und munter sein
und uns recht von Herzen freun!
Lustig, lustig, traleralera!
Bald ist Nik'lausabend da, bald ist Nik'lausabend da!

Doch bei der Liedzeile „... bald ist Nik'lausabend da" klang
ihr Gesang schon verhaltener. Wir wohnten damals im dritten Stock eines Stadthauses. Endlich betrat am Abend des
5. Dezember der Nikolaus unten das Haus. Das heftige Auf-
stoßen des Bischofsstabes und das Klingeln einer Glocke waren zu hören und der Nikolaus zog von Wohnung zu Wohnung
– zuerst ganz unten im Parterre, dann im ersten und im zweiten Stock. Wenn er dann im dritten Stock ankam, wurden unsere Kinder immer zappeliger, aber auch stiller und stiller.

Endlich war es soweit. Der Nikolaus pochte an unsere Wohnungstür. Ich hatte den heiligen Mann in die Wohnstube zu
geleiten. Durch die Tür konnte er nur gebückt gehen, so groß
war er; und er hatte einen mächtigen Bischofsstab in der

Hand und eine hohe Bischofsmütze auf dem weißumrahmten Kopf. Dann begann der Nikolaus aus seinem großen Buch vorzulesen. Zwar gab es da auch gute Taten, aber es kamen auch alle jene Fehler und Sünden zum Vorschein: freche Antworten oder Unfolgsamkeit oder der ewige Kampf, endlich ins Bett zu gehen und Ruhe zu geben. Auch das Herummaulen an diesem oder jenem Essen, das doch die Mutter mit so viel Sorgfalt und Liebe bereitet hatte, erwähnte er. In die Schule gingen sie Gott sei Dank noch nicht! Aber sie hatten sich im Kindergarten mit anderen gezankt oder waren unordentlich und hatten die Spielsachen nicht aufgeräumt oder der Mutter nicht geholfen, wo sie hätten helfen können.

Nun mußten die Kinder ein Gedicht oder ein Gebet aufsagen. Wenn sie dieses, gelegentlich unter einigem Stocken, vor-

Unsere Kinder Petra und Michael, drei und sechs Jahre alt, 1969.

getragen hatten, öffnete sich der große Sack mit all den Süßigkeiten, die sie für die überstandenen Ängste entschädigten. Dann schloß sich die Wohnungstür hinter dem Nikolaus. Jetzt konnten sie sich gegenseitig versichern, wie wenig sie sich vor dem Nikolaus gefürchtet hatten. Und das, obwohl noch die Tränenspuren im Gesicht zu sehen waren. Ja, sie waren sogar bereit, nach dem gemeinsamen Abendessen – ausnahmsweise und noch voller guter Vorsätze – ohne Widerrede ins Bett zu gehen.

Wann aber entdeckten unsere Kinder, daß es den Nikolaus gar nicht gibt?

Meist sind es ja irgendwelche Spielkameraden, die ihnen die Augen öffnen. Bei unseren Kindern aber gab es bereits im Kindergarten den Versuch, den Nikolausabend zu entzaubern. Und das geschah so: Am 5. Dezember kam der Nikolaus schon am Vormittag in den Kindergarten. Erst erzählte die Kindergärtnerin die Geschichte vom Nikolaus; was er vor langer, langer Zeit alles Gutes getan hatte und daß deshalb auch heute noch die Kinder beschenkt werden. Dann kam schließlich ein großer Mann herein. Den Kindern wurde erklärt, daß sich dieser Mann jetzt verkleide und dann als Nikolaus alle beschenken werde. So geschah es auch. Heimgekehrt, erzählten beide Kinder – jedes natürlich in einem anderen Jahr: „Mama, stell dir vor, heute war ein Mann bei uns! Der hat sich wie ein Nikolaus verkleidet und jedem Kind aus einem großen Sack etwas geschenkt!"

Und wenn unsere Kinder mit ihrem Bericht fertig waren, schlossen beide unabhängig voneinander mit der Frage: „Aber heute abend kommt doch der richtige Nikolaus zu uns!?"

Damals habe ich begriffen, wie unsinnig es ist, unseren Kindern mit Erklärungen zu kommen, die sie gar nicht verstehen. Ein Kind lebt in einer Art Märchenwelt, in der vieles anders und verzaubert ist, und aus dieser Verzauberung sollten wir sie auch nicht mit Gewalt herauszureißen versuchen. Sie werden uns nämlich so niemals verstehen. Offensichtlich brauchen aber unsere Kinder diese Märchenwelt, damit sie sich etwas für ihr ganzes Leben bewahren; nämlich den Glauben, daß hinter unserer sichtbaren Welt und unserem Leben ein Geheimnis verborgen ist, das sich jedem erschließt, der mit einem kindlichen Herzen den Dingen begegnet. Vielleicht hat deshalb Christus einmal gesagt: „Wenn ihr nicht werdet wie die Kinder, könnt ihr nicht in das Gottesreich eingehen."

Wie aber steht es mit dem Christkind, das doch zu Weihnachten die Geschenke bringt? Sollten wir auch da von Anfang an sagen, daß wir Erwachsenen sie beschenken und nicht das Christkind?

Unsere Tochter erzählte mir vor kurzem Folgendes: Ihre zwei Kinder, der Bub ist im 5. Schuljahr und das Mädchen in der 3. Klasse, haben fest daran geglaubt, daß das Christkind die Geschenke bringt. Sie hatten es nie anders gehört und auch Jahr für Jahr ihren Brief an das Christkind geschrieben. Doch eines Tages kam das Mädchen nach Hause und fragte seine Mutter: „Die anderen haben im Bus gesagt, daß das Christkind gar nicht die Geschenke bringt. Stimmt das?"

Was blieb da der Mutter anderes übrig, als zu gestehen: „Ja, Papa und Mama beschenken die Kinder, weil das Christkind an Weihnachten Geburtstag hat und wir uns darüber freuen."

„Warum erzählt man dann das mit dem Christkind?" wollte die Tochter wissen.

„Kleine Kinder begreifen so am besten etwas vom dem großen Geheimnis, das uns Weihnachten geschenkt wird", versuchte die Mutter zu erklären. „Aber jetzt, wo du größer bist, verstehst du, wie es wirklich ist."

In diesem Augenblick meldete sich der Ältere zu Wort: „Daß das Christkind nicht die Geschenke bringt, habe ich schon lange gewußt." Und als die Mutter fragte: „Warum

*Das Bild aus
dem Jahr 2006
zeigt unsere
Enkelkinder
Matthias und
Vroni im Alter
von sechs und
vier Jahren.*

hast du das nie gesagt und mit mir darüber gesprochen?"
kam prompt die Antwort: „Ich wollte nicht, daß du traurig
wirst!"– Ist das nicht eine typische Kinderantwort?

Der Bub hatte aber auch seine jüngere Schwester niemals
aufgeklärt und sie bei der Meinung gelassen, daß das Christkind die Geschenke bringt. Vielleicht war bei ihm der Zau-
ber, der mit der kindlichen Vorstellung verbunden ist, doch
noch größer als sein Wissen von der Wirklichkeit.

Kurze Zeit, nachdem unsere achtjährige Enkelin Bescheid
wußte, besuchte unsere Tochter uns mit ihr. Und als Mutter
und Tochter in der Küche das Abendessen vorbereiteten und
die Oma im Wohnzimmer den Tisch deckte, fragte meine Enkelin: „Meinst du, Mama, daß die Oma das mit dem Christkind weiß?" Und nach einigem Nachdenken: „Meinst du, wir
dürfen's ihr sagen?"

[Erftstadt-Köttingen, nahe Köln, Nordrhein-Westfalen;
1970]

Luise Rüth

Heilige Nacht auf dem Bauernhof

Unsere ganze Familie, Großeltern, Eltern und die drei Kinder, hatte sich schon seit Wochen auf diesen besonderen Tag,
den Heiligen Abend vorbereitet. In der Küche, dem gemüt-
lichsten Raum auf unserem Bauernhof, hatte sich das ganze
Leben in der Adventszeit abgespielt. Großvater sorgte mit
immer neuen Holzstößen für den großen gußeisernen Ofen.
Manchmal warf er einige getrocknete Tannenzapfen in die
Glut. Dann roch es so schön nach Weihnachten. Großmutter
hatte mit den Kindern Unmengen von Plätzchen gebacken.
   Mein Mann und die Kinder hatten eine Krippe gebastelt.
In der Stadt kauften wir bunte Krippenfiguren: die Heilige
Familie, viele Hirten und allerlei Tiere. Die Tiere waren
uns neben dem Jesuskind das Wichtigste, da wir selbst viele Tiere auf unserem Hof hielten.
   Nun war es soweit, das Christkind wurde von uns erwartet. Nach der Stallarbeit – wie immer melken, füttern und
einstreuen, heute mit besonderer Sorgfalt, denn die Tiere
sollten auch merken, daß Weihnachten ist – gingen wir ins
Haus. Die Kinder hatten schon ihre Sonntagskleider ange-
zogen und saßen mit roten Wangen bei der Großmutter und
lauschten ihren Weihnachtsgeschichten.
   Mein Mann machte einen letzten Rundgang durch Hof und
Stall. Plötzlich stürzte er ins Haus und rief: „Schnell zieht
euch um, eine Kuh fängt an zu kalben!"

Nun war die Feststimmung erst einmal vorbei, die Ereignisse überstürzten sich. Oma kümmerte sich um die Kinder. Die Männer rannten zum Stall. Es zeichnete sich eine schwere Geburt ab. Ich zog mich um, lief zwischen Stall und Haus hin und her, schleppte Eimer mit heißem Wasser, beruhigte die Kinder, die wissen wollten, wann das Christkind denn nun endlich käme. Als das Kälbchen nach schwerer Geburt gesund und munter zum ersten Mal auf wackeligen Beinen stand, begrüßten es die Kinder mit Freuden. Für einen Moment war das Christkind vergessen. Schnell versorgten wir die Mutterkuh, zogen unsere Arbeitskleidung aus und die Festkleidung wieder an. Jetzt wollten wir mit den Kindern die Heilige Nacht begehen.

Aber es kam ganz anders. Keine zehn Minuten waren vergangen, da fing die nächste Kuh an zu kalben. Wir mußten den Tierarzt rufen, denn trotz unserer Hilfe schaffte die Kuh es nicht. Die Kinder brachte ich in ihre Schlafzimmer und erklärte ihnen, dem Christkind sei es zu unruhig bei uns, es käme sicher erst spät in der Nacht. Trotz aller Traurigkeit hatten sie Verständnis, denn schließlich lebten sie auf einem Bauernhof. Da richtet sich eben das ganze Leben nach der Natur und den Tieren.

Am ersten Weihnachtstag ließen wir die Fensterläden geschlossen und zündeten die Kerzen am Weihnachtsbaum an. Alle zusammen sangen wir „Ihr Kinderlein kommet ..." und wünschten uns frohe Weihnachten. Die Kinder verteilten ihre selbstgebastelten Geschenke an uns. Dann stürzten sie sich auf ihre Gaben und bewunderten den schönen Weihnachtsbaum und die Krippe.

Großeltern, Eltern und Kinder freuten sich, waren stolz auf zwei gesunde Kälbchen und dankten dem lieben Gott für unsere glückliche Familie.

*(Weitere **ZEITGUT**-Beiträge der Autorin sind am Buchende vermerkt.)*

Inge Handschick

Fröhliche Weihnacht!

Oma Mathilde war eine Respektsperson. Das lag nicht nur an ihrer stattlichen Erscheinung und an ihren fast schwarzen Augen, die Blitze schleudern konnten; sie war von Jugend an zu herrschen gewöhnt: zunächst, nach dem frühen Tod der Mutter, über fünf jüngere Geschwister, später über dienstbare Geister. Vor ihrer Ehe war sie Wirtschafterin auf einem niederschlesischen Rittergut gewesen, sprach noch immer mit Hochachtung, aber auch mit Stolz von „ihrem Herrn Baron" und von der Gnädigen, von der sie zumindest die aufrechte Haltung übernommen hatte.

Jeder in der Familie, zu der jetzt Tochter Brigitte, Gitta genannt, mit Schwiegersohn Christfried und der elfjährige Enkel Hubert gehörten, beugte sich Oma Mathildes Kommando. Nicht ohne Murren und geheimen Groll, aber um des lieben Friedens willen und weil, zugegeben, Oma Mathilde eine unübertreffliche Wirtschafterin war.

Äußeres Zeichen ihrer Würde war der Kellerschlüssel. Früher hatte sie über ein stattliches Bund von Schlüsseln zu sämtlichen herrschaftlichen Wirtschaftsräumen verfügt; jetzt übte sie die Herrschaftsgewalt über den Speisekeller der Familie aus. Gleich nach ihrer Hochzeit hatte sie dafür gesorgt, daß ein stabiles Schloß angeschafft wurde, sie eignete sich einen der drei dazugehörigen Schlüssel an und versenkte die beiden anderen im Gartenteich. Ihrem Mann Ehrenfried –

Gott habe ihn selig – war das recht gewesen. Sein Bereich war der Kohlenkeller, den Mathilde nie betrat. Daher entging ihr, daß Ehrenfried dort ein Schränkchen mit hochprozentigen Seelentröstern verwaltete. Als sie ihm schnüffelnd auf die Spur kam, erwies sich ihr Ehrenfried als streitbarer Gegner, so daß nach monatelangem unentschiedenen Ehekrieg fortan jeder sein Hoheitsgebiet erhielt.

Gitta, ihr einziges Kind, kannte es von Anfang an nicht anders, und Christfried, der in die Bauernwirtschaft eingeheiratet hatte und keine besonderen Rechte beanspruchen durfte, beugte sich der Tradition. Nach Ehrenfrieds Tod übernahm er die Kohlenschaufel, aber ohne flüssiges Zubehör, denn das geistreiche Schränkchen hatte Witwe Mathilde längst umquartiert.

Am Morgen des ersten Weihnachtstages hockte Mathilde gar nicht stattlich, eher bedauernswert, auf dem Küchenstuhl. Sie litt seit Wochen an Rheuma, und da sie nie krank oder von Schmerzen geplagt gewesen war, litt sie ganz besonders. Mit ihr die Familie. Tochter Gitta erbot sich, die Gans aus dem Keller zu holen.

„Sie ist schwer, und du kommst sowieso kaum die Treppen rauf. Gib mir mal den Kellerschlüssel!"

Sie streckte die Hand aus. Oma Mathilde schüttelte erst den Kopf, versuchte aufzustehen, knickte aber mit einem Schmerzenslaut sofort wieder ein, murmelte etwas Unverständliches und griff in die rechte Tasche ihrer geblümten Küchenschürze. Vergeblich!

Etwas ungläubig und schon aufgeregt, kramte sie in der linken. Auch da war nichts.

„Hubert! Huubert!" rief sie und verkündete: „Hubert hat ihn mir weggenommen. Ganz sicher! Er wird Gurken mausen wollen."

Ihre sauren Gurken waren berühmt und begehrt. Sie schmeckten würzig wie keine anderen und blieben knackig fest bis zur nächsten Ernte. Wurde sie nach dem Rezept befragt, lächelte sie nur und sprach von einem Küchengeheimnis. Gitta freilich kannte es längst, es bestand einfach in einer gehörigen Portion Meerrettich, aber sie ließ niemandem gegenüber ein Wort verlauten. Jetzt schwieg sie nicht.

„Der Junge schläft doch noch, wie soll er an den Schlüssel gekommen sein?" fragte sie und ihre mütterliche Empörung ließ sie – was als unerhörtes Familienereignis gelten konnte – zum Gegenangriff übergehen.

„Das kommt davon, daß keiner außer dir einen Kellerschlüssel hat. Überleg doch mal, vielleicht hast du ihn verlegt!"

Sie hatte längst bemerkt, daß ihre Mutter vergeßlich wurde, und wunderte sich nicht, als diese nur hilflos den Kopf schüttelte.

Gitta zog sich die Jacke über und fuhr in die Stiefel, verfolgte dann die Spur von Oma Mathildes allmorgendlichen Verrichtungen: Erst ging sie in den Kaninchen-, dann in den Hühnerstall und von dort in den Holzschuppen. Außer ein paar Katzentapsen war aber im frischen Schnee nichts zu sehen.

Oma Mathilde hatte sich in der Zwischenzeit nicht vom Fleck gerührt, saß noch immer wie verdonnert auf dem Küchenstuhl mit dem rotkarierten Sitzkissen.

„Es hilft nichts! Ich habe eine Menge Arbeit, kann heute die Zeit nicht vertrödeln, ich muß in den Keller!"

Gitta hatte auf einmal einen Wirtschafterinnen-Ton drauf, als hätte auch sie noch herrschaftliche Zeiten erlebt. Sie ging in den Hausflur, wo Christfried eben den Stamm einer stattlichen Fichte für den gußeisernen Ständer zurechtschnitt. Er hörte sich den aufgeregten Bericht seiner Frau an, sagte wie immer nicht viel, sondern nahm seinen Werkzeugkasten und stieg die steile Kellertreppe hinab. Es dauerte nicht lange, dann vermeldete er in der Küche: „Die Tür ist offen!"

In der Hand hielt er das aufgesägte Schloß.

Oma fuhr hoch, als hätte sie nie Rheumaschmerzen gehabt. „Mein schöönes Schloß! Noch Vorkriegsware ...!"

Hinter ihr klirrte es. Mitsamt dem rotkarierten Stuhl-kissen lag auf den grauen Fußbodenfliesen ihr zu Füßen der Kellerschlüssel.

Da erst fiel es Mathilde ein, daß sie heute früh zur Feier des Tages eine frische Schürze aus dem Schrank geholt und die beschmutzte gleich mit in den Wäschekorb genommen hatte. Damit in der Zwischenzeit keiner den kostbaren Schlüssel an sich nehmen konnte, hatte sie ihn unter dem Sitzkissen versteckt.

„Nein, das gibt's nicht! Du hast die ganze Zeit drauf ge-sessen!" rief Gitta und wollte loslachen. Das verging ihr un-ter Mathildes Lamentieren: „So ein stabiles Schloß bekommst du heutzutage nicht mehr! Jetzt ist mir Weihnachten endgül-tig verdorben!"

Uns auch, dachte Christfried, und ihm kam der rettende Gedanke, die kostbare Vorkriegsware in der LPG-Werkstatt, in der er arbeitete, zu schweißen. Vorher aber ging er in die heimische Höhle Sesam, die sich auf so wundersame Weise an diesem Weihnachtsabend für ihn geöffnet hatte, um die dort verborgenen Schätze zu sichten.

So kam es, daß an diesem Heiligen Abend nach Kartoffel-mus, Bratwurst und Sauerkraut ein Verdauungsschnaps auf den Tisch kam, dessen Erscheinen Mathilde sogar abgeseg-net hatte. Und aus dem Radio tönte, während sie anstießen: „Fröhliche Weihnacht überall ..."

Aus: Inge Handschick, „Von Granitschädeln und anderen Lichtgestalten",
Oberlausitzer Verlag Frank Nürnberger 2004.

[Burgsteinfurt, Münsterland,
Nordrhein-Westfalen;
1970]

Elsbeth Rengshausen

Tannenduft

„Mama, guck mal, was wir für einen schönen Weihnachtsbaum gekauft haben", riefen meine Kinder drei Tage vor
Heiligabend.

„Eine Seite ist nicht so gleichmäßig wie es sein sollte",
meinte Berni, mein Mann, „aber wir stellen ihn so an die
Wand, daß es gar nicht auffällt."

Wir ließen den Baum auf der Terrasse stehen. Da war es
schön kalt, und er würde nicht so schnell nadeln.

Am nächsten Tag wollte Berni ausprobieren, wo wir den
Baum in unserer Stube am besten hinstellen, um die kahle
Stelle zu verdecken.

„Ja, da zwischen Fenster und Terrassentür", meinte ich.

„Nein, der Baum muß in die Ecke rein, da sieht er gut aus."

Da betrat unsere Jüngste das Zimmer und sagte: „Was
stinkt denn hier so?"

„Was soll denn hier stinken? Das ist der Duft vom Tannengrün", erwiderte ich.

Nun kamen auch unsere beiden Jungen von draußen herein und verzogen das Gesicht. Der Große sagte: „Pfui, ist das
ein penetranter Geruch hier im Zimmer."

„Ihr habt wohl lange keinen Tannenduft gerochen", entgegnete ich.

„Tannenduft", sagte der zweite Sohn, „Tannenduft ist das
wohl nicht, da muß eine Katze dran gepinkelt haben."

Mein Mann kam mit dem Baumständer herein, den er vom Boden geholt hatte. „Mensch, stinkt das hier", sagte er. Schnell wurde der Tannenbaum nach draußen befördert, mit dem Gartenschlauch kräftig abgesprüht und auf die Terrasse in den Ständer gestellt.

Am nächsten Morgen sah der Tannenbaum herrlich aus, es war in der Nacht sehr kalt, und das Wasser am Baum war zu Eis gefroren.

„Lassen wir den Baum doch draußen stehen, und die Bescherung findet drinnen statt", meinte ich. Aber das wollten die Kinder einfach nicht. Geschenke gehören unter den Weihnachtsbaum, war der Kommentar. Wir einigten uns, ihn zum Trocknen in den Heizungskeller zu stellen und brachten ihn auch gleich dorthin.

Als ich am Morgen des Heiligabends die Tür des Heizungskellers öffnete, kam mir eine Wolke von Katzenpipi entgegen. Schnell weckte ich meinen Mann und bat ihn, einen neuen Weihnachtsbaum zu kaufen und einen Ständer dazu.

Den Stinkebaum ließen wir auf der Terrasse stehen und den neuen Baum schmückten wir drinnen. Heiligabend war doppelt schön. Im Wohnzimmer war die Bescherung unter dem Weihnachtsbaum, und draußen fing es an zu schneien. Wir sangen „Leise rieselt der Schnee" und sahen zum Tannenbaum, der auf der Terrasse stand und sich langsam mit Schnee schmückte.

(Weitere ZEITGUT-Beiträge dieser Autorin sind im Autorenverzeichnis am Ende des Buches vermerkt.)

[Langballig bei Flensburg, Schleswig-Holstein;
1973]

Eva Maria Schmeling

Das schönste Weihnachtslied

Unser Sohn war gerade neun Jahre alt und hatte mit uns ein
Fest besucht, bei dem auch ein Posaunenchor zu hören gewesen war. Seitdem gab er keine Ruhe mehr. Ob er frühmorgens
die Treppe herunterkam, mittags von der Schule heimkehrte
oder nachmittags im Garten spielte – immer ballte er die kleinen Hände, bewegte sie, als ob er Posaune blies, und sang in
die Fäuste hinein. Es war klar, er wollte Posaune spielen.

Ich fragte meine Kolleginnen, ob sie mir einen Tip geben
könnten. Schwester Anne konnte. In ihrer Gemeinde gab es
einen Posaunenchor. Nach Rücksprache mit dem Lehrer
machten wir uns zu ihm auf den Weg. Er und das Kind führten ein langes Gespräch; ich war dabei nicht gefragt. Als ich
nach einer Stunde wieder vor der Tür stand, kam mir mein
Junge strahlend entgegen, im Arm ein Flügelhorn.

„Er hat eine gute Stimme", lobte der Lehrer, „und ein gutes
Gehör für Töne. Ich möchte es mit ihm versuchen."

Es war im September. Unser Sohn übte fleißig, und sein
Lehrer bestätigte ihm Talent. Doch es gab ein Problem: Der
Großvater, der zu uns gezogen war, und ein neuer Nachbar
hatten etwas dagegen, daß ein kleiner Junge die Posaune
blies und damit viel Lärm verursachte. Der Kleine stand vor
mir und weinte heiße Tränen.

„Wir finden einen Weg", tröstete ich ihn, nahm Notenbuch,
Notenständer und Flügelhorn, legte alles in den Kofferraum

und fuhr mit dem Jungen ans Wasser. Er liebte die Fischer, und die Fischer liebten ihn. Manchmal fuhr er mit ihnen hinaus, wenn sie ihren Fang einholten. Was sollte ihm jetzt noch im Weg stehen?

Täglich fuhren wir nun in meiner freien Stunde zum Strand, wo er fleißig übte, hinter uns die Steilküste, vor uns die Ostsee. Es konnte nicht besser sein. Er machte gute Fortschritte und war glücklich.

Unterdessen ging es auf den Winter zu. Mollig verpackt mit Schal, Pudelmütze und warmen Stiefeln an den Füßen, konnte die Kälte uns nichts anhaben. Nach etwa acht Wochen beherrschte der kleine Posaunist das Instrument schon so gut, daß er bereits drei Lieder spielen konnte: „Kartoffelsupp, Kartoffelsupp", „Schneeflöckchen, Weißröckchen" und „Ostern, Ostern, Frühlingswehen". Er war stolz auf sich.

Zum Advent wollte unser Sohn seinen Freunden, den Fischern, ein Ständchen bringen. Also fuhren wir an die Landungsbrücke. Fröhlich winkte er den Fischern zu. „Ich möchte euch ein Weihnachtsgeschenk machen", rief er.

Langsam und bedächtig kamen sie näher. Pfeife rauchend scharten sie sich um den Jungen. Zuerst spielte er „Kartoffelsupp". Als er „Schneeflöckchen" anstimmte, begann es leise zu schneien. Die Fischer hörten andächtig zu. Dann kam es fröhlich: „Ostern, Ostern, Frühlingswehen".

Einer der Fischer ging auf ihn zu; verstohlen wischte er sich eine Träne fort und seufzte. Ganz tief aus dem Herzen kam das. Dann streichelte er dem Jungen das Haar und sagte: „Das ist mein schönstes Weihnachtslied."

Eva Maria Schmeling

Lütt Anna

Wir waren erst vor kurzem nach Langballig gezogen. Ich
war in der Gemeinde als Gemeindeschwester tätig. Meinen
Kindern, damals elf, neun und sechs Jahre alt, sagte ich:
„Wenn ihr mir helfen wollt, dann haltet die Augen offen
und seid hilfsbereit gegenüber den Alten und Behinderten
in der Gemeinde."

Sie hörten mir zu, nickten zu meinen Worten und sahen
mich nachdenklich an. Mein neunjähriger Sohn hatte schon
zwei Freunde gewonnen, denen er erzählte, was seine Mama
ihm aufgetragen hatte.

In der ersten Woche im Advent 1973 machte ich mich auf
den Weg zu Lütt Anna nach Bönstrup. Sie war 96 Jahre alt,
klein, zierlich gebaut. Sie war nicht krank, aber sehr einsam. Sie wohnte in einer kleinen Strohdachkate, ärmlich,
jedoch sehr sauber. Lütt Anna war in der Lage, sich selbst zu
versorgen. Auch das Holz, mit dem sie ihren kleinen Ofen
anheizte, zerkleinerte sie noch selbst. Wir wollten eine kleine Andacht miteinander halten. Ich wollte ihr die Weihnachtsgeschichte vorlesen und ein Lied mit ihr singen.

Als ich ihre kleine Kate betrat, war ich sprachlos über das,
was ich dort sah. Das Wohnzimmer war festlich mit Tannenzweigen, Blumen und Kerzen geschmückt.

„Lütt Anna", sagte ich, „wat hast du dat fein! Wer hätt di
dat so festlich schmückt? De Nachboorn?"

„Ne, ne", sagte Lütt Anna strahlend, „dat weer de lütt Söön vun unsere neue Gemeindeschwester mit sin Fründen!"

Zu Hause beim Abendessen lobte ich meinen Sohn und seine Freunde. Sie sahen mich voller Stolz an und freuten sich.

„Wo habt ihr denn die Tannenzweige und die anderen Dinge her? Hattet ihr soviel Geld?" fragte ich sie.

„Nein, Mama", erwiderte mein Sohn etwas zögerlich.

Ich bekam eine Ahnung und fragte: „Ihr habt die Sachen doch nicht etwa vom Friedhof geholt?"

„Natürlich, woher denn sonst?", sagte mein Sohn mit einem völlig unschuldigem Lachen im Gesicht.

Was konnte ich dagegen sagen?

Die Nachbarn haben das zum Glück mit Humor genommen.

Das Foto von meinen Kindern und mir wurde 1972 während unseres Urlaubs im Harz aufgenommen. Rechts sitzt „de lüt Söön".

[Mühlhausen – Gotha – Georgenthal, Thüringen;
Mitte der 70er Jahre]

Elisabeth Schmack

Die weitgereiste Weihnachtsgans

Es war Mitte der siebziger Jahre. Das erste gemeinsame
Weihnachtsfest mit meinem Mann Werner stand bevor. Werner wohnte in Georgenthal und ich in Mühlhausen. Wir hatten beschlossen, das Fest bei ihm zu verbringen, da es in der
schönen thüringischen Umgebung von Georgenthal sicher
festlicher sein würde, als in der Stadt. Gleich hinter dem
Haus, in dem Werner wohnte, lag ein Wäldchen, die „Aue"
genannt. Von hier aus konnte man bequem bis in den Thüringer Wald wandern.

Wir hatten alles genau abgesprochen. Den Festtagsbraten
wollte ich besorgen, denn ich glaubte, eher an eine Gans zu
kommen, weil wir in der Brückenstraße ein Geflügelgeschäft
hatten, in dem ich schon oft gute Sachen eingekauft hatte.
Doch als ich ein paar Tage vor Heiligabend dort vorsprach,
hieß es: „Nur auf Vorbestellung". Als ich vorbestellen wollte, sagte man mir, daß es dafür schon zu spät sei. Die Bestel-
listen wären schon weg und darüber hinaus gab es keine
Zuteilung. So da stand ich da. Auch die Lauferei in Konsum-
und HO-Läden blieb erfolglos. Die wenigen Tiefkühltruhen
waren schon leer. Was nun?

Das erste gemeinsame Weihnachtsfest! Ich wollte glänzen
und mich nicht blamieren. Eine Arbeitskollegin verstand mein
Desaster. Sie verschaffte mir tatsächlich eine Gans von ihren
Eltern, die auf dem Dorf wohnten und Geflügel hielten. Ge-

Das erste gemeinsame Weihnachten wollte ich bei meinem Mann im schneebedeckten Georgenthal verbringen.

rupft und ausgenommen, verpackte ich sie in einen stabilen, grauen Karton. So gut verpackt, ging der Vogel nach der Arbeit am frühen Heiligabend mit mir auf die Fahrt nach Georgenthal.

Ohne lästiges Umsteigen konnte ich von mir zu Werner mit der Bahn reisen. Damals befuhr noch eine Dampflok die Strecke von Leinefelde bis Arnstadt. Der Zug war wie immer nach Arbeitsschluß brechend voll. Doch je weiter der Zug sich von der Kreisstadt entfernte, um so mehr leerte er sich. Bei jedem Halt hatte ich ein Auge auf den Karton. In Gotha, wo der Zug länger hielt, stiegen die meisten Reisenden aus. Auf dem Bahnsteig wimmelte es nur so vor Menschen, und ich sicherte mir schnell einen Fensterplatz.

Als die Lok mit Gestampf, Gezisch und schrillem Pfiff ihre Wagen aus dem Bahnhof zog, war die Menschentraube noch immer auf dem Bahnsteig. Jetzt sah ich erst: Es waren Hobbyfotografen, die in allen möglichen Stellungen – stehend, kniend und sogar liegend – versuchten, die Lok auf ihre Filme zu bannen. Mit fast verzückten Gesichtern schauten sie dem ausfahrenden Zug nach. Später erfuhr ich, daß es eine der letzten Dampfloks war, die diese Strecke befuhr. Sie wurde von einer der schweren russischen Dieselloks abgelöst.

Ich blieb allein im Abteil, über mir im Gepäcknetz die Gans im Karton, vor dem Fenster die herrlichste Winterlandschaft und in mir die Freude aufs Wiedersehen ...

An den wenigen Haltestellen, die noch kamen, stieg kaum jemand zu. Ich träumte vor mich hin, und da fuhr der Zug auch schon in den Bahnhof Georgenthal ein. Von weitem sah ich Werner am Bahnsteig. Ich konnte es kaum erwarten und

Meine Zug von Leinefelde nach Arnstadt wurde Mitte der 70er Jahre von einer der letzten regulären Dampfloks gezogen, die man heute fast nur noch auf Schmalspurbahnen antrifft. Im Bild die Selketalbahn auf der Strecke Alexisbad – Harzgerode im verschneiten Harz.

beeilte mich mit dem Aussteigen. Erst die innige Begrüßung, dann nahm Werner mir das Gepäck ab, und wir stapften durch den Schnee der Wohnung zu.

Das Rattern des Zuges war längst in der Ferne verklungen, da durchfuhr es mich heiß: Wo ist der Karton? Vielleicht auf dem Bahnsteig stehengeblieben?

Also wieder zurück. Das Schneetreiben wurde dichter. Der Bahnsteig war leer. Im Bahnhofsgebäude war noch ein Fenster erleuchtet. Der Beamte, der gehofft hatte, seine Ablösung wäre gekommen, reagierte ärgerlich. Er brummte was von Leichtsinn, gerade im Feiertagsverkehr, und nahm mit verbissener Miene die Befragung auf. Erst einmal den Ausweis. Dann ging es los: Beschreibung des Gepäckstückes, die Waggonnummer, welches Abteil, welcher Sitzplatz. Dann auch noch Anfang und Ziel der Reise, warum und wieso und noch einiges mehr.

Mir dauerte das alles viel zulange. Ich fragte, warum er denn nicht einfach bei der nächsten Haltestelle anrufen könne. So wäre eben die Vorschrift, meinte er mürrisch. Er machte uns gleichzeitig auf einen eventuellen Verlust aufmerksam; schließlich würden ja noch Fahrgäste aus- oder einsteigen. Ich hatte den stillen Verdacht, daß er die Suchmeldung gar nicht weiterleiten würde – ade, Weihnachtsbraten!

Werner sah wohl meine Enttäuschung. „Wir improvisieren das morgige Festessen, wirst schon sehen, irgend etwas ist doch immer im Haus."

Es war lieb gemeint, doch kaum ein Trost für mich. Mir spukte die schöne Gans immerzu im Kopf rum. Ich ärgerte mich vor allem über mich selbst. Hatte ich nicht die ganze Fahrt über auf die Gans bzw. den Karton geachtet? Warum entschwand sie dann, als es darauf ankam, meinen Sinnen?

Selbst die Christmesse, die wir abends besuchten, konnte ich trotz der festlichen Ausgestaltung nicht so recht genießen. Erst der Heimweg brachte mir ein wenig innere Ruhe. Die hohen, hellerleuchteten Kirchenfenster, deren Schein den frischgefallenen Schnee glitzern ließ, dazu die Lieder des Posaunenchores, die uns, immer leiser werdend, bis nach Hause begleiteten, versetzten mich endlich in eine fast märchenhafte Stimmung.

Es hatte aufgehört zu schneien, die Schneedecke war noch unberührt. Doch im Hof war sie durch eine Fahrradspur durchbrochen, die bis zur Haustür führte. Dort stand ein Eisenbahner, der gerade dabei war, einen Karton vom Gepäckträger zu heben. „Ach, da sind Sie ja ... Fröhliche Weihnachten!"

Und weg war er. Auf dem Karton war in großen roten Buchstaben vermerkt:

> BAHNHOF ARNSTADT, FUNDSACHE.

Stempel und Unterschrift waren vom Schnee verwischt.

Am nächsten Tag stand die weitgereiste Gans knusprig und fettglänzend, zusammen mit den Thüringer Klößen, auf dem Tisch.

*(Weitere **ZEITGUT**-Beiträge dieser Autorin sind im Autorenverzeichnis am Ende des Buches vermerkt.)*

Inge Handschick

Von den Schwierigkeiten, Weihnachtsmann zu sein

Ein Vater-Erlebnis

Heute war ich bei meiner Tochter Claudia, zweites Schuljahr, Weihnachtsmann im öffentlichen Dienst.

Um kreativ zu arbeiten, dachte ich schöpferisch voraus. Eine Liste mit pädagogischen Ermahnungen bekam ich von der Klassenleiterin, Frau Schönfuß. Eigentlich könnte sie auch Schönleib oder Schöngesicht heißen.

In meiner Aktentasche schleuste ich einen alten Telefonhörer, ein Stück Kabel war noch dran, und einen Wecker mit hinein. Roter Mantel, Bart und Sack warteten in einer Ecke des Lehrerzimmers auf mich. Nur an zünftige Stiefel hatten weder Frau Schönfuß noch ich gedacht.

Vorerst verlief alles programmgemäß. Der Wecker klingelte im päckchengefüllten Sack – gelungener Überraschungseffekt! Eindrucksvoll umständlich nahm ich den Telefonhörer aus der Manteltasche.

„Hallo? Hier ist der Weihnachtsmann. Ja, ich höre. Wie? Rico Krause stört im Unterricht? Na, der wird..." Rascher Blickwechsel mit Frau Schönfuß. Jetzt die erzieherischen Register ziehen! Gleich wird der vorlaute Rico mal die Sprache verlieren. Ich bin als Weihnachtsmann bestens in Form.

„Onkel, deine Strippe baumelt!"

„Aber Rico!", sagte Frau Schönfuß vorwurfsvoll und sah mich dabei an.

Ich konnte dann sehr effektiv arbeiten, brauchte keine Ermahnungen mehr auszuteilen, nur die Geschenke; die Kinder freuten sich sowieso.

Ein paar persönliche Gespräche führte ich dennoch. Besonders mit den Schülern, deren Mutter mir gefiel. Dann verwandelte ich mich im Lehrerzimmer wieder in meine Normalgestalt und holte Claudia ab, als käme ich soeben von der Arbeit.

„Na, wie war's?"

„Ganz lustig."

„Wie war der Weihnachtsmann?"

„Er hatte deine Schuhe an."

Ich zog es vor, das Thema zu wechseln. Zu Hause, beim Abendbrot, kam Claudia darauf zurück.

„Du, Vati, weißt du, was der Weihnachtsmann falsch gemacht hat?"

„Nö, was denn?"

„Er hat zu Martin gesagt: ‚Na Kleiner, bist wohl mit der Oma da?' Das war aber Martins Mutti."

Ich verschluckte mich, hustete. Meine Frau klopfte mir auf den Rücken. „Ein starker Brocken!" Es klang nicht nach Mitgefühl. Claudia aber tröstete mich:

„Laß mal, Vati. Ich sage Martin morgen, du siehst ein bißchen schlecht."

Wahrscheinlich sah ich Weihnachtsmann auf einmal wirklich alt aus.

Aus: Inge Handschick, „Von Granitschädeln und anderen Lichtgestalten",
Oberlausitzer Verlag Frank Nürnberger 2004.

[Hamburg;
90er Jahre]

Gudrun Henjes

Die sieben Sterne

Wenn uns die erste Kälte und die Dunkelheit des Winters erreichen, fühlen wir uns oft einsam und beginnen zu träumen. Da ist es für die meisten von uns ein Glück, daß die Vorfreude auf Weihnachten Licht in die tristen Tage bringt. Der helle Stern über der Krippe von Bethlehem hat bis heute seine menschenverbindende Bedeutung behalten, auch wenn die Botschaft „Friede auf Erden" immer noch ein frommer Wunsch geblieben ist. Obwohl in unseren Breiten schon im Oktober die Symbole der Weihnachtszeit in Gestalt von Naschwerk die Läden erobern, ist nun einmal der Dezember die richtge Zeit der Vorfreude. Jeder Mensch empfindet sie anders.

Ich mußte 62 Jahre alt werden, um zu erkennen, daß etwas völlig Neues in meiner Wahrnehmung der ritualisierten Weihnachtszeit geschah. Den Anstoß hierfür gaben sieben Sterne, die jedes Jahr – einer ganz ähnlich dem anderen – in sieben Fenstern gegenüber meiner Wohnung aufleuchteten. Ich konnte im voraus genau den Tag nennen, an dem sie sich zeigen würden, denn jedes Jahr erschienen sie an demselben Kalendertag, abends, wenn es gerade dunkel geworden war. Schon Tage vorher wußte ich, daß sie bald in meine Wohnung strahlen würden und ich das Dunkel der Winternächte nicht mehr fürchten müßte. Dies hatte für mich eine besondere, beinahe magische Bedeutung, seitdem ich in meiner Wohnung alleine lebte, mein Partner ausgezogen war und ich mich gerade im Winter oft sehr einsam fühlte. Doch dieses Jahr erschienen die Sterne nicht an dem Tag, an dem ich sie erwartet, ja, so sehr ersehnt hatte. Auch der nächste Abend und der folgende gingen vorüber, ohne daß sich auch nur einer der sieben Sterne in der Ecke eines der Fenster gezeigt hätte. Wie war das möglich?

Mir wurde nun klar: Wollte ich hinter das Geheimnis kommen, müßte ich mich – vorübergehend – von meiner „magischen Sehnsucht" verabschieden. Erst jetzt kam mir so recht zu Bewußtsein, daß die Sterne dort drüben ja nicht von allein erstrahlt waren. Dort in der Wohnung mußte ein Mensch leben, den ich nicht kannte und der jedes Jahr für mich und für die Menschen unten auf der belebten Straße diese Sterne zum Leuchten gebracht hatte. Und ganz plötzlich wußte ich auch, daß ich herausfinden wollte, warum sie jetzt nicht dort waren. Zugleich schämte ich mich ein wenig meiner Gedankenlosigkeit. Wie war es möglich, daß ich nach all den Jahren nicht wußte, wer mir dort gegenüber alljährlich mein einsames Herz in der dunklen Jahreszeit erwärmt hatte? Warum hatte ich mich nicht früher dafür interessiert?

Jedenfalls beschloß ich nun, hinüberzugehen in das mir fremde Haus und nachzuforschen. An der Tür stand nur ein einziger Name. Ich klingelte und hörte eine ganze Weile nichts. Fast wollte ich wieder gehen, als mir schließlich durch den Summer geöffnet wurde. Das große Haus war innen dunkel. Als ich vorsichtig die knarrenden Treppen hinaufstieg, überlegte ich, wie alt es wohl sein könnte. Jedenfalls schien es lange nicht renoviert worden zu sein, was ich von außen nicht vermutet hätte. Als ein kleines Fenster das Treppenhaus erleuchtete, erkannte ich eine Tür, an der derselbe Name stand, den ich bereits unten an der Haustür gelesen hatte. Sie blieb verschlossen, und ich drückte wiederum den schwer zu bewegenden Klingelknopf. Stille. Eine ganze Zeit Stille.

Schließlich vernahm ich leise schlurfende Schritte und hörte eine nahende Stimme, die leise rief: „Ich komme!"

Ich hatte feuchte Hände, so gespannt war ich. Langsam öffnete sich die Wohnungstür, und vor mir stand eine kleine alte Dame, etwas gebeugt, so daß sie zu mir, die ich etwa einen Kopf größer war, von unten aufsehen mußte. Sie schien nicht ängstlich, doch fragte sie sofort: „Wer sind Sie?"

Ich begann nun etwas verlegen und umständlich zu erzählen, daß ich jedes Jahr die sieben erleuchteten Sterne habe in meine gegenüberliegende Wohnung hineinscheinen sehen, wie sie mir all die Jahre Vorweihnachtsfreude gebracht hatten und daß ich sie darum jetzt sehr vermißte. Ich hätte sie ganz selbstverständlich freudig erwartet, aber der gewohnte Zeitpunkt ihres ersten Strahlens sei verstrichen, und alles wäre dunkel geblieben.

Die alte Dame sah mich etwas erstaunt an, schien aber sehr schnell zu begreifen, wieviel mir diese Sterne bedeutet hatten. „Kommen Sie herein", meinte sie leise und führte mich einen langen Flur entlang zu einem großen Raum. „Hier", lachte sie jetzt, „hier sind sie, die Sterne, die Sie vermissen."

Und tatsächlich sah ich auf dem Fußboden gleichmäßig nebeneinander, sieben Sterne liegen, die aber gar nicht hell, sondern eher weißlich-grau aussahen. Trotzdem konnte ich sie wiedererkennen und begann mich zu freuen.

Nachdem mir die alte Dame einen Stuhl angeboten hatte, erklärte sie mir freundlich, sie sei krank gewesen und habe die Sterne in diesem Jahr nicht anbringen können. Auf die Leiter zu steigen, hätte sie zu sehr angestrengt.

Ich schämte mich erneut. Diese alte Frau hatte offenbar schon jahrelang – und jedes Jahr erneut – die ziemlich große Leiter erklommen, um an den recht hohen Fenstern mühsam sieben Sterne anzubringen. Und das alles, damit die Menschen draußen und ich gegenüber in der dunklen Jahreszeit Freude an ihnen hätten!

„Könnte ich Ihnen vielleicht helfen, die Sterne an den Fenstern zu befestigen?" wandte ich mich ihr nun direkt zu.

Die alte Frau sah mich etwas ungläubig an, meinte dann

aber sehr schnell: „Wenn Sie das tun würden – das wäre wirklich sehr nett von Ihnen. Ich kann Ihnen auch genau sagen, wie Sie es machen müssen, es ist nicht so schwer."

Und dann stieg ich siebenmal auf ein Fensterbrett und befestigte die Sterne, einen nach dem anderen, unter ihrer Regie. Als schließlich alle sieben Sterne hell erstrahlten, wie ich es Jahr für Jahr gewohnt gewesen war, stellte sich die wärmende Magie sofort wieder ein. Und wie sie zu meiner Wohnung hinüber leuchteten! Mein roter Weihnachtsstern im Blumentopf auf der Fensterbank war deutlich zu erkennen, obwohl im Zimmer kein Licht brannte.

„Wollen Sie einen Tee?", wandte sich jetzt die alte Dame an mich und lachte erneut, „schließlich haben Sie gearbeitet!"

Als ich freudig zustimmte, holte sie eine große Keksdose hervor, und ich durfte leckere selbstgebackene Plätzchen kosten, wie ich sie seit meiner Kinderzeit nicht mehr bekommen hatte.

Vor Weihnachten war ich noch ein paarmal bei der alten Dame zum Tee, und wir freuten uns zusammen an der Wärme des Sternenlichts, das den gesamten Raum erhellte, in dem wir uns angeregt unterhielten. Bald ging es ihr wieder besser, und sie erzählte viel von alten Zeiten.

Am Heiligen Abend klingelte ich wieder bei ihr und brachte ein kleines Geschenk mit. Wir tranken gemeinsam Tee und redeten miteinander, bis es dunkel war. Als ich aufstand und gehen wollte, trat sie ganz nah an mich heran und sagte leise: „Wenn ich nicht mehr bin, bekommen Sie die Sterne!"

Ich war wie benommen vor Freude, denn das war ein Vertrauensbeweis; ein Zeichen, wie nah wir einander durch die Sterne gekommen waren. Als ich an diesem Abend allein in meine Wohnung kam, fühlte ich mich nicht einsam. Ich sah die Sterne gegenüber und wünschte mir, daß sie mich noch recht lange von dort drüben grüßen und die liebenswerte alte Dame noch sehr lange gesund leben möge.

Weitere Informationen am Ende des Buches und unter www.zeitgut.com.

Verfasser

Adloff, Reinhard *S. 36*
geb. 1925 in Schönfeld, Ostpreußen,
lebt in Emsdetten, Nordrhein-Westfalen.
Beruf/Tätigkeiten: Jungbauer, Maurer, techn. Angestellter in der Textilindustrie, im Ruhestand.

Berwian, Anna *S. 28*
geb. 1926 in Steinbach/Lebach, lebt in Illingen-Hüttigweiler, Saarland.
Beruf/Tätigkeiten: Ordensfrau.

Bierich, Rosmarie, geb. Schmeil *S. 17, 122*
geb. 1924 in Seebenisch, Kreis Leipzig, lebt in Leipzig, Sachsen.
Beruf/Tätigkeiten: Laborantin, Sekretärin, im Ruhestand.
Bisherige Zeitgut-Veröffentlichungen in „Unvergessene Weihnachten. Band 3,
Band 4" und in „Wo morgens der Hahn kräht. Band 1 und Band 2".

Bildt, Hildegard, geb. Stein *S. 61, 72*
geb. 1927 in Hohenschöpping, Brandenburg,
lebt in Velten-Hohenschöpping,
Beruf/Tätigkeiten: Gastwirtin, im Ruhestand.

Braun, Hans *S. 41*
geb. 1919 in Vellmar bei Kassel,
lebt in Bünde, Ostwestfalen-Lippe, Nordrhein Westfalen.
Beruf/Tätigkeiten: Handelslehre, Angestellter, Inspektoranwärter, Beamter,
Frühpensionär wegen Kriegsverwundung, Tätigkeiten danach: Zeichnen,
Malen, Fotografieren (1. Preis des Documenta-Archivs Kassel, zehn Fotoausstellungen).
Bisherige Zeitgut-Veröffentlichungen in Zeitgut Band 21 und 22.

Dersch, Karin, geb. Schubert *S. 12*
geb. 1944 in Buckow, Brandenburg,
lebt in Gerolfingen, Mittelfranken, Bayern.
Beruf/Tätigkeiten: Arzthelferin, Büroangestellte, Hausfrau.
Bisherige Zeitgut-Veröffentlichung in „Unvergessene Weihnachten. Band 2.

Failutti, Romano C. (Pseudonym u.a. Klaus Römer) *S. 113*
geb. 1940 in Chemnitz, lebt in Rinteln, Niedersachsen.
Beruf/Tätigkeiten: freier Publizist und Autor.
Bisherige Zeitgut-Veröffentlichungen in „Unvergessene Weihnachten. Band
2, Band 3 und Band 4".

Groeger, Eberhard *S. 124*
geb. 1951 in Spenge, Kreis Herford, lebt in Spenge, Nordrhein-Westfalen.
Beruf/Tätigkeiten: Apotheker.
Bisherige Zeitgut-Veröffentlichung in „Unvergessene Weihnachten. Band 3".

Haenisch, Marlis *S. 48, 50*
geb. 1934 in Gräfenroda, Kreis Arnstadt, lebt in Stadtilm, Thüringen.
Beruf/Tätigkeiten: Büroangestellte, Garderobiere am Leipziger Theater, im
Ruhestand.

Handschick, Inge *S. 161, 176*
geb. 1930 in Zittau, Oberlausitz, lebt in Zittau, Sachsen.
Beruf/Tätigkeiten: Textilfachschule, 1949 Neulehrerin, Fernstudium mit
Hochschulabschluß, 1952 bis 1989 Fachlehrerin für Deutsch und Sport an
der EOS Zittau, Fernstudium am Literaturinstitut „Johannes R. Becher" in
Leipzig, im Ruhestand.
Bisherige Veröffentlichungen: „Diesmal will ich alles sagen", 1980; „Die
Scherbensammlerin", 1997; „Jahresringe", zus. mit Hilde Flex, 1998; „Von
Granitschädeln und anderen Lichtgestalten", 2004; seit 1990 Herausgeberin
und Mitautorin des Oberlausitzer Familienkalenderbuches; „Bello, Miez und
andere", 2001; „Mit Oberlausitzer Schatzsuchern unterwegs", 2008; „Lustige Verse", 2009; alle Oberlausitzer Verlag Frank Nürnberger Spitzkunnersdorf.

Hartmann, Barbara, geb. Müller *S. 19*
geb. 1926 in Saalfeld/Saale, verstorben 2005,
lebte zuletzt in Jena, Thüringen.

Beruf/Tätigkeiten: Philologiestudium, wegen Heirat abgebrochen; Hausfrau und Mutter, Ausbildung zur Bankkauffrau; Kassiererin in der Sparkasse Jena.

Henjes, Gudrun   S. 178
geb. 1940 in Bochum, Westfalen, lebt in Hamburg.
Beruf/Tätigkeiten: Fremdsprachen-Korrespondentin, Tätigkeiten im wirtschaftlichen und sozialen Bereich; Dipl.-Sozialwirtin, im Ruhestand.
Bisherige Zeitgut-Veröffentlichung in „Endlich wieder tanzen gehen".

Jutt, Helga, geb. Ludwig   S. 102
geb. 1935 in Überlingen am Bodensee,
lebt in Freiburg im Breisgau, Baden-Württemberg,
Beruf/Tätigkeiten: Grund- und Hauptschullehrerin, im Ruhestand.

Krafft, Hans Werner   S. 53, 79
geb. 1933 in Bielefeld,
lebt in Schieder-Schwalenberg, Nordrhein-Westfalen.
Beruf/Tätigkeiten: Filialdirektor einer Versicherung, im Ruhestand.

Kramer, Robert   S. 31, 154
geb. 1930 in Breslau, lebt in Eberfing, Bayern.
Beruf/Tätigkeiten: Studiendirektor im Ruhestand, Deutsch- und Religionslehrer (kath. RL).

Kruse, Margit, geb. Nikolayzik   S. 149
geb. 1957 in Gelsenkirchen, Ruhrgebiet,
lebt in Gelsenkirchen, Nordrhein-Westfalen.
Beruf/Tätigkeiten: Bürokauffrau, freiberufliche Autorin.
Bisherige Veröffentlichungen: „Wir Kinder der 60er und 70er Jahre - Aufgewachsen in Gelsenkirchen", Wartberg-Verlag; „Das Glück wartet zwischen den Toten", Beluga-Verlag; „Im Schatten des Turmes - Eine Jugend im Ruhrgebiet", Sutton-Verlag; Beiträge in „Unvergessene Weihnachten. Band 2, Band 3 und Band 4".

Kyaw, Rudolf   S. 58
geb. 1937 in Stettin, lebt in Greiz, Thüringen.
Beruf/Tätigkeiten: Lehrer, im Ruhestand.

Lehmann, Klaus   *S. 105*
geb. 1940 in Heinrikau, Ostpreußen, lebt in Peine, Niedersachsen.
Beruf/Tätigkeiten: Fachlehrer für Sozial- und Wirtschaftskunde und Arbeitsrecht.
Bisherige Zeitgut-Veröffentlichungen in Zeitgut Band 22.

Pilger, Inge-Lore, geb. Großnick   *S. 83*
geb. 1927 in Danzig, lebt in Krefeld, Nordrhein-Westfalen.
Beruf/Tätigkeiten: Lehrerin im Ruhestand.

Raddatz, Carl   *S. 85*
geb. 1928 in Pusitz, Kreis Lauenburg, Pommern,
lebt in Langenfeld, Rheinland, Nordrhein-Westfalen.
Beruf/Tätigkeiten: Technischer Angestellter, im Ruhestand.
Bisherige Zeitgut-Veröffentlichung in Band 20.

Rengshausen, Elsbeth, geb. Diese   *S. 165*
geb. 1933 in Burgsteinfurt, jetzt Steinfurt,
lebt in Einbeck, Niedersachsen.
Beruf/Tätigkeiten: im Ruhestand.
Bisherige Zeitgut-Veröffentlichungen in Band 1 und 14.

Rüth, Luise, geb. Hochgürtel   *S. 159*
geb. 1942 in Bonn, lebt in Erftstadt-Köttingen, Nordrhein-Westfalen.
Beruf/Tätigkeiten: Kauffrau und Landwirtin.
Bisherige Zeitgut-Veröffentlichungen in Band 1 und 2.

Schaube, Birgit geb. Seeligmann   *S. 139*
geb. 1954 in Mühlhausen, Thüringen, lebt in Mühlhausen, Thüringen.
Beruf/Tätigkeiten: Wirtschaftskauffrau.
Bisherige Zeitgut-Veröffentlichung in „Unvergessene Weihnachten. Band 3".

Schmack, Elisabeth   *S. 171*
geb. 1930 in Lindenhain, Kreis Gleiwitz, Oberschlesien,
lebt in Mühlhausen, Thüringen.
Beruf/Tätigkeiten: Krankenschwester, Fürsorgerin, im Ruhestand.
Bisherige Zeitgut-Veröffentlichungen in Band 1, 10, 18 und in „Unvergessene Weihnachten. Band 3 und Band 4".

Schmeling, Eva Maria *S. 167, 169*
geb. 1928 in Flensburg,
lebt in Flensburg, Schleswig-Holstein.
Beruf/Tätigkeiten: Krankenschwester, im Ruhestand.

Siesing, Waldemar *S. 132*
geb. 1923 in Magdeburg, Sachsen-Anhalt,
lebt in Northeim, Niedersachsen.
Beruf/Tätigkeiten: 1940 Kriegsfreiwilliger, Hilfsarbeiter, Reporter, Sozial-
arbeiter, ab 1958 Heimleiter im Jugendwohnheim am Waterlooplatz in Hannover, ab 1974 Heimleiter im Jungenheim für Schwererziehbare auf dem
Schäferstuhl bei Salzgitter, im Ruhestand.
Bisherige Zeitgut-Veröffentlichungen in „Unvergessene Weihnachten. Band
3 und Band 4".

Sommer, Karl-Heinz *S. 128*
geb. 1926 in Frankfurt/Oder,
lebt in Stuttgart, Baden-Württemberg.
Beruf/Tätigkeiten: Import-/Exportkaufmann, Import und Großhandel, im
Ruhestand.
Bisherige Zeitgut-Veröffentlichungen in Band 9, 22 und in „Unvergessene
Weihnachten. Band 4".

Steinke, Gerda, geb. Petersohn *S. 24*
geb. 1926 in Berlin, lebt in Berlin.
Beruf/Tätigkeiten: Sekretärin, im Ruhestand.
Bisherige Zeitgut-Veröffentlichung in Band 8.

Weinert, Gerda, geb. Birkner *S. 96*
geb. 1936 in Frankfurt/ Oder,
lebt in Beeskow, Brandenburg, vier Kinder.
Beruf/Tätigkeiten: Gärtnerin, Bibliothekshelferin, Sachbearbeiterin für Kul-
tur, Erziehungshelferin, Freie Journalistin, Schriftstellerin.
Bisherige Zeitgut-Veröffentlichungen: „Ein Schritt vor die Tür", Hinstorff,
Rostock, 1969; „Zwölf Männer und ich", Verlag Tribüne, Berlin, 1976;
„Fische im Glas", Erzählungen; „Und niemand sang Kalinka", Reisetagebuch,
beide Verlag Die Furt, Jacobsdorf, 2000 und 2003. Literarische Beiträge in
27 Anthologien, darunter in „Unvergessene Weihnachten. Band 1, 2, 3, 4".

Unvergessene Weihnachten. Band 5
Erinnerungen aus guten und aus
schlechten Zeiten. 1918–2000
34 Geschichten und Berichte von Zeitzeugen
192 Seiten mit vielen Abbildungen,
Ortsregister, Taschenbuch, Originalausgabe
ISBN 978-3-86614-146-9, EUR 4,90

Unvergessene Weihnachten. Gebundene Doppelbände

Unvergessene Weihnachten.
Doppelband 1
(Band 1 und 3 in einem Buch)
Erinnerungen aus guten und aus
schlechten Zeiten. 1917–1994
72 Geschichten und Berichte von Zeitzeugen
352 Seiten mit vielen Abbildungen,
Ortsregister, gebunden mit Lesebändchen
ISBN 978-3-86614-149-0, EUR 9,95

Unvergessene Weihnachten.
Doppelband 2
(Band 2 und 4 in einem Buch)
Erinnerungen aus guten und aus
schlechten Zeiten. 1922–1994
59 Geschichten und Berichte von Zeitzeugen
384 Seiten mit vielen Abbildungen,
Ortsregister, gebunden mit Lesebändchen
Originalausgabe
ISBN 978-3-86614-164-3, EUR 9,95

Zeitzeugen-Erinnerungen gesucht

ZEITGUT ist eine zeitgeschichtliche Buchreihe besonderer Prägung. Jeder Band beleuchtet einen markanten Zeitraum des 20. Jahrhunderts in Deutschland aus der persönlichen Sicht von 35 bis 40 Zeitzeugen. ZEITGUT ergänzt die klassische Geschichtsschreibung durch Momentaufnahmen aus dem Leben der betroffenen Menschen.
Die Reihe ist als lebendiges und wachsendes Projekt angelegt. Herausgeber und Verlag wählen die Beiträge unabhängig und überparteilich aus. Die Manuskripte werden sensibel bearbeitet, ohne den Schreibstil der Verfasser zu verändern. Die Reihe wird fortgesetzt und thematisch erweitert.

Sammlung der Zeitzeugen

Die **Sammlung der Zeitzeugen** faßt autobiografische Einzelbücher zusammen, die ebenfalls das Leben in Deutschland im 20. Jahrhundert beschreiben. Die Bände ermöglichen einen tieferen Einblick in das Schicksal der Verfasser und gestatten es, deren Leben über längere Strecken zu verfolgen.

Manuskript-Einsendungen sind jederzeit erwünscht.

Zeitgut Verlag GmbH
Klausenpaß 14, D-12107 Berlin
Tel. 030 - 70 20 93 0
Fax 030 - 70 20 93 22
E-Mail: info@zeitgut.com

www.zeitgut.com